U0942485

value
in
press
I believe in the value,
passion
and beauty
in press.

同性戀的十字架

倫理學者的對話與交鋒

龔立人
×
羅秉祥——合著

香港基督徒學會

印象文字 InPress

同性戀的十字架
倫理學者的對話與交鋒

作者　羅秉祥 P. C. Lo、龔立人 L. Y. Kung
策劃　麥明儀 M. Y. Mak、吳國雄 Hyphen Ng
責編　麥明儀 M. Y. Mak、梁冠霆 Lawrence Leung
校對　謝偉強 Alvin Tse
書裝　losau
出版　**印象文字 InPress Books**
香港沙田火炭坳背灣街 26 號富騰工業中心 1011 室
(852) 2687 0331　inpressbooks@gmail.com　http://inpressbks.wordpress.com
InPress Books is part of Logos Ministries (a non-profit & charitable organization)　http://www.logos.com.hk
香港基督徒學會 Hong Kong Christian Institute
香港九龍旺角道 11 號藝旺商業大廈 10 樓
(852) 2398 1699　info@hkci.org.hk　http://www.hkci.org.hk
Hong Kong Christian Institute is a non-profit & charitable organization
發行　基道出版社 Logos Publishers
(852) 2687 0331　info@logos.com.hk　http://www.logos.com.hk
承印　陽光印刷製本廠

出版日期　2013 年 10 月初版
產品編號　IB906
國際書號　978-962-457-473-9

刷次	10	9	8	7	6	5	4	3
年分	22	21	20	19	18	17		

香港基督徒學會

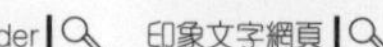

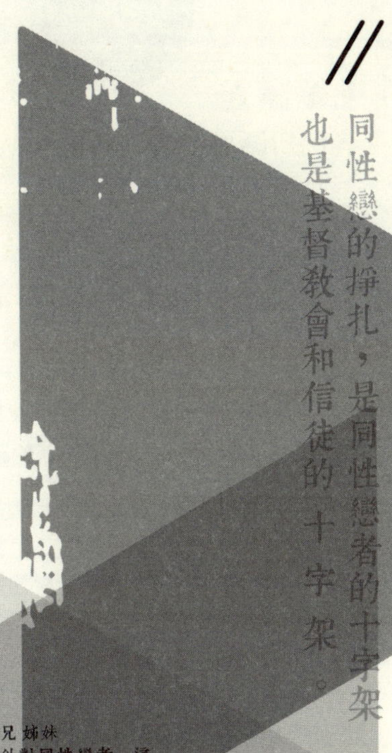

同性戀的掙扎，是同性戀者的十字架
也是基督教會和信徒的十字架。

羅秉祥——教會對罪認真，應該是全體弟兄姊妹紛紛認罪悔改，而不是只針對同性戀者。這樣，教會的道德生活才流露出基督的生命，才能在社會上做模範羣體。

龔立人——在日常生活中，對方不是一個論點，反而是一個故事，一個有血有肉的故事。這些故事往往成爲我們認識對方和自已的基礎，甚至是生命的靈光。

目錄 contents

第二部

// 龔立人 / 主場 //

對論二 道德與敘事

目錄 contents

// 作者序一

這個對話還需要持續下去

羅秉祥

2012 年 12 月初筆者與龔立人兄一起接受邀請，出席長老會台灣神學院舉行的「基督教對同性戀的態度與觀點」教牧研習會。香港只有我們二人獲邀請發言，是出於「平衡」觀點的考慮。會議兩天，既有抑制，也有火花；然而，持兩種嚴重分歧觀點的教牧同工與信徒能聚首一起討論，還是非常難得，香港都沒有舉行過。

同年聖誕節前，香港一些教會人士推動大批信徒在一月到政府總部附近集會一事，讓筆者感慨香港教會面對同性戀議題的反思不夠全面，同時又感到有一個催促，要筆者打破對此議題不再立文字的自我約束。於是筆者邀請立人兄一起進行這個對話寫作計劃，盼望把我們在台灣的對話延續下去，立人兄亦馬上答應了。在英語世界，就同性戀議題進行對話的神學著作已有好幾本，但中文卻一本都沒有。我們二人都是基督教倫理學的耕耘者，分別在兩所大學任教，習慣了與不同觀點的人對話；筆者心想，我們一起推動這工作，實是責無旁貸。

基督教信仰的核心是福音，是好消息，而不是壞消息，對所有性傾向人士都一樣。華人教會要掌握好這個好消息的神學語言來討論同性戀議題，還需要許多努力。我們這本書牽涉非常多有關聖經、歷史、神學、哲學、社會學等討論，我們二人在此書中所提供的，只是一個初探。這個對話還需要持續下去，需要更多人參與，因爲只有透過對話，才是文明地解決紛爭的辦法。

這本書分開四個部分：（1）雙方獨立有一篇比較長的主體文章，詳細解釋自己的立場；（2）雙方評論對方的主體文章；（3）雙方回應對方對己文的評論；（4）雙方獨立有一個簡短總結。整個寫作過程爲時超過半年。一個人獨立書寫，不需如此長時間，但可能有很多盲點；與一個異見人士對話，可以把這些盲點減低。再者，沒有人能體會全部眞理，透過這番對話，我們希望促進教會思考，而不只是個人在思考。

爲了要掌握我們的討論脈絡，讀者拿起此書最好是從頭讀起。希望各位讀這書時，也是抱著對話的態度閱讀，開放心胸，聆聽思考；而不是各取所需，爲自己先入爲主的結論找「同聲同氣」的論調。

筆者個人希望把此書敬獻給周聯華牧師。在大學時參加台北浸信會懷恩堂，受周牧師的牧養，近距離看到他的處事爲人，我們都稱他爲「周爸」。他在台灣幾十年來的牧者風範，至今還是我的典範。近年每次到台灣，都還受教於他。筆者認爲他是智、仁、勇、誠兼備的模範：

智者，謙於思考對話；
仁者，佈道牧養羣羊；
勇者，為不平事發聲；
誠者，忠於聖經信仰。

謹以此書敬獻給
周聯華牧師

//作者序二

從公共論域回到日常生活

龔立人

可能受哈伯瑪斯（Jürgen Habermas）對公共論域的影響，理性成爲參與討論者應要有的基本要求和素質。我肯定理性的重要性，而事實上，只講感受的討論可能只會淪爲各說各話，分歧不但沒有因討論而縮窄，甚至最後的共識可能只是感情用事。話雖如此，但在很多強調理性討論的活動中，我卻深深感受到一種「非人」的理性討論。即討論各方看不見對方是一個有感情和有故事的人；相反，對方只是一個論點，說話者是一個「非人」。所以，參與討論的各方都盡力找出對方的錯誤和不足，以最嚴格的邏輯要求和語言挑戰對方，並以勝出這次討論而感到自豪。在討論過程中，各方沒有興趣去認識對方是一個甚麼樣的人，也沒有興趣與對方建立信任關係和欣賞。縱使有可能從討論中認識對方，但對對方的認識大都已轉化爲一種資料，作爲對對方的攻擊和自我防範之用。討論最後的結果應是經由討論後而得出一個更理想的論述。但現實並不如此，當在只追求你贏我輸的態度下，更理想的論述只是一種討價還價的共識。

基於此，我不太願意參與公共論域的討論。一方面，我不願意被人約化為一個論點。例如，在有關同性戀的議題上，我只簡單地被約化為支持同性戀。另一方面，我也不願意在討論過程中，無意地陷入以約化思維看待其他參與者。相反，我認為真正的公共論域是在日常生活中，例如，家庭、市集、茶樓等發生，而不是在立法會、不同種類的委員會和公開座談會等產生。在日常生活中，我們的談話可以訴諸理性，但不止於此。故事、感受、表情、閒話、氣氛等等都成為對談重要的元素。在日常生活中，我們沒有議程，也沒有程序，但卻可以很隨意、自由（不是沒有效率）地交談和討論。在日常生活中，私人與公共結合了，沒有人為地將私人與公共分割。在日常生活中，對話的各方是人，而不是論點。或許，有人認為日常生活的討論有其限制，不適用於公共事務，但問題是，沒有日常生活談話的公共論域只是一個偽公共，因為它脫離真正公共的日常生活。

在日常生活中，對方不是一個論點，反而是一個故事，一個有血有肉的故事。這些故事往往成為我們認識對方和自己的基礎，甚至是生命的靈光。在日常生活中，不是理性帶我們進入溝通，反而是故事、認識和信任。日常生活要求我們要以對方為人彼此看待、以信任與對方接觸、並用心去聆聽和交談。

因此，我與秉祥兄以對話形式討論同性戀議題，應是華人教會出版界第一次的嘗試，也是我的信念踐行。文章的寫作風格和形式皆以論文為主，其中彼此的提問和對話也很嚴謹。然而，在寫作過程中，我感受到與我談話的是一個人，不是一個觀點或一套學說。我有這樣的感覺，不但因爲我認識秉祥兄這個人，更因爲我們願意去聆聽，甚至修正自己的觀點。雖然我們算不上是深交，甚至曾在 2005 年有「筆戰」，但我們沒有將對方約化，反而數年前的一個晚上，我們眞誠地交流了。所以，當秉祥兄提出這寫作計劃時，我立即贊成。對話的目的是交流，而不是爲要決定誰勝誰負。這一切可以發生，不是我們有甚麼君子協定，而是我們看對方是一個人。奈何工作繁重，未能在日常生活其他環節與秉祥兄有更多接觸與認識。

第一部

對論

// 羅秉祥 / 主場 //

同性戀眾議題

倫理學者的對話與交鋒

第1章　多角度再思同性戀眾議題

附龔立人的評論及羅秉祥的回應

// 羅秉祥

「異性戀者評價這個題目必須謙卑（因為對同性戀者生活大抵無知），有慈心（因為我們討論的是一些有血有肉的人，教會牧養服事的對象），及有清醒的道德判斷。」（大意）

Lewis Smedes, *Sex for Christians*, rev. ed. (Grand Rapids, MI: W.B. Eerdmans, 1994), 48.

「基本的問題其實不是關於『他們』，而是關於我們所有人。」

James B. Nelson, *Embodiment: An Approach to Sexuality and Christian Theology* (Minneapolis, MN: Augsburg, 1978), 21.

一

基督教倫理學依據之一：聖經詮釋

A. 新約聖經背景：保羅時代的羅馬性文化

筆者在2009年第一次踏足羅馬，此後三年內，一共去了五次（最短一天，最長十天），喜歡上這個現代古城，拍了近萬張照片。在這個現代大城市，走到哪裏都找到古都的遺跡；因此，開始不斷閱讀有關古羅馬共和國及羅馬帝國的歷史書，看 DVD 紀錄片，思考這個帝國與同時期華夏漢帝國的異同，思考對古羅馬社會的知識如何可以豐富我們對聖經的理解。甚至連主日崇拜講道，都以「凱撒與基督：從梵蒂岡博物館三尊凱撒像談起」作講題。突然多了一個愛好！並且讓我緬懷1978至79年剛到美國留學，連續兩個學期，每天早上八點半的古典拉丁文課。

近來接觸了兩本論古羅馬人的同性戀研究專書，其中把希臘羅馬時期同性戀及同性性行爲的全貌呈現出來，使我如獲至寶；因爲只有當我們對保羅時代的同性戀文化有所了解，才能明白保羅書信論及同性性行爲的教導。

哈伯德（Thomas K. Hubbard）是美國德州大學古希臘羅馬研究的專家，對於古希臘羅馬文化中的性與性別觀尤其有研究。他的第一本重要著作是由他所編的《希臘與羅馬的同性戀：基本文獻原始資料書》（*Homosexuality in Greece and Rome: A Sourcebook of Basic Documents*, 2003；近六百頁），這是英語世界破天荒第一本如此全面的原始資料集，其中有些資料還是第一次譯成英文（他所收集的文本除了書籍，還有繪圖、塗鴉〔graffiti〕、藝術作品等）。編者在此書的導論中指出，在古希臘羅馬時期，已有些人因其特別的性偏好而被視爲他們的身分特徵，而且他們認爲這些偏好是天生的。當時還發展出不同理論來解釋這個「本性」的成因：如遺傳的因素、精子與卵子結合時出了問題、成孕時天空星體的特殊位置等。[1] 在羅馬時期，有三位諷刺文學家指出有些男人是眞正無能爲力與女人性交的。[2] 當時甚至有好幾篇文獻記載當時已有爭辯，究竟男人的性伴侶是女人好，還是男童好，雙方就此展開激烈辯論。[3]

我們對古希臘羅馬同性性親密常有陳腔濫調，譬如說古希臘的同性性行爲都是發生在男老師與男童之間，而古羅馬社會的情形都是成年男性公民與年輕男性奴隸之事。本書的編者指出，事實上，當時同性性親密的面貌更多樣化，並不受年紀及階級地位所規限。在古希臘，除了成年男人與男童，也有兩個男的青少年，及兩個女的青少年的性親密關係（當時青少年的上限爲18至21歲）。在古羅馬時期，不少原始資料提到有些成年男人在性生活中寧願選擇被動的、被插入的角色，並且在平常生活中也顯得女性化；他們有些還是羅馬自由人公民，因此受到更大的譏笑及譴責。[4]

威廉斯（Craig A. Williams）也是一個西方古典文化研究者，任教紐約市立大學，於 1999 年出版了一本研究古羅馬社會同性戀的專著，受到很高的評價，於 2010 年出了第二版，由當代美國著名古典學及哲學家納斯本（Martha Nussbaum） 爲他寫序言。《羅馬人同性戀》（*Roman Sexuality*）的主旨是羅馬人對同性戀生活的「社會建構」（社會對同性戀者身分及其意義的看待）與當代西方不一樣，他們看重的不是情欲對象的生物性別（sex），而是當事人對社會性別（gender）的認同。他認爲當時的社會對男子氣概的看法就是要支配及控制他人，但有些生理上的男性，卻眞心認同女性社會性別，舉手投足帶有女子氣，所以被稱爲有女人柔氣（effeminacy）。他們眞心願意做男子肛交的被動者及服從者，彼此都不認爲這樣的性行爲有問題。用今天的語言來說，這些羅馬「同性戀者」，在進行性行爲時把對方視爲異性！再者，這些人並非濫交者，而是願意雙方結合做長期伴侶。[5] 作者總結，古羅馬人看性行爲，並不是以同性性行爲及異性性行爲來區分，而是以「插入」（penetrating, insertive）角色及「被插入」（penetrated, receptive） 角色作區分。作者聲稱，從這個角度理解古羅馬人的性欲與性行爲，已經是學術界的共識。[6] 襲評 01

可見，在當時希臘羅馬社會，同性性親密已是廣爲人知的社會現象，保羅也因此在書信中一再提到這種生活方式，警惕信徒。

B. 新約經文原意

基督徒與神學家的任何信仰反省，都要從聖經開始。而且，是從細心聆聽開始，不應帶著有色眼鏡來解釋；要容讓聖經挑戰我們思考 襲評 02

龔評 01

至於女同性戀者在當時希羅社會下的社會地位又如何？按威廉斯所說，重點是以「插入」與「被插入」來區分角色，那麼女同性戀者就被男同性戀排斥在同性戀以外。（可參考 Bernadette Brooten, *Love Between Women: Early Christian Responses to Female Homoeroticism* [Chicago: The University of Chicago Press, 1996]）因此重點不只是當時希羅社會如何認識和理解男同性戀，更是為何當時社會對男同性戀與女同性戀有不同對待，而這不同對待反映出在同性戀一事上的父權意識文化。希伯來聖經反對男同性戀關係（但對女同性戀沒有清楚說明），而希羅社會卻接受男同性戀關係。表面看來，他們是對立的，但在深層下，他們都一樣在父權意識文化下運作。

羅的回應

威廉斯這個研究把範圍限於男同性戀，是因為任何深入的研究都需要自設範圍，不要企圖解決所有問題。女哲學家納斯本很欣賞這本著作，在其〈前言〉中指出古羅馬女同性戀資料太少。

保羅書信論及同性性行為的三段經文（羅馬書一章、哥林多前書六章、提摩太前書一章），除了第一段既論及男性之間及女性之間的同性性行為，第二及第三段經文都只論及男同性性行為。因此威廉斯這本書對我們理解保羅的論述是頗有幫助的。

龔評 02

按理柯（Paul Ricouer）對文本的理解，除了文本的背後世界（world behind the text）和文本之中的世界（world of the text）外，文本面前的讀者世界（world in front of the text）也有份參與對文本的理解。讀者世界不只是被動地接受聖經，而是更積極地參與解讀（包括批判）聖經。例如，希伯來聖經學者克萊斯 ……

的安舒區。以下是新約聖經中所有相關的經文（限於篇幅，在這裏不討論舊約了），我們先要找出其原初意義，然後再反思如何作當代詮釋及應用。

1. 羅馬書一章 18 ～ 32 節

這是新約聖經中在這課題上最關鍵的經文，而美國杜克大學神學院（Duke Divinity School）前任院長海斯（Richard Hays）教授在其《基督教新約倫理學》（*The Moral Vision of the New Testament*）內對這段經文的嚴謹討論已被公認爲經典，所以在這段落我會引用他的見解比較多，但也會加入晚近的一些相關討論。[7] 再者，筆者二十多年前寫基督教倫理學的博士論文時，一半篇幅是在處理一些新約經文的原意（所謂 exegesis），並且由海斯教授指導我論文的這部分，所以筆者不敢妄自菲薄，謹在此分享一下我對相關新約聖經經文的詮釋。

羅一章 18 ～ 32 節是保羅對同性性行爲的論述，這可是一個宏大神學論述的一部分。由於《和合本》譯文有些地方不夠準確，所以我們先看環球聖經公會的《聖經新譯本》經文：

> 18 神的震怒，從天上向所有不虔不義的人顯露出來，就是向那些以不義壓制真理的人顯露出來。
>
> 19 神的事情，人所能知道的，在他們裏面原是明顯的，因為神已經向他們顯明了。
>
> 20 其實自從創世以來，神那看不見的事，就如他永恆的大能和神性，都是看得見的，就是從他所造的萬物中可以領悟，叫人沒有辦法推諉。
>
> 21 因為他們雖然知道神，卻不尊他為神，也不感謝他，反而心思變為虛妄，愚頑的心就迷糊了。

……（David Clines）提出明白聖經不只是關乎詮譯，更要參與對聖經的宣稱和假設進行批判。（David Clines, *Interested Parties: The Ideology of Writers and Readers of the Hebrew Bible* [Sheffield: Sheffield Academic Press, 1995]; *The Bible and the Modern World* [Sheffield: Sheffield Academic Press, 1997]）理解聖經是一個文本與讀者的雙向過程。

羅的回應

我在開場白所提出的只是一個老生常談的分別：釋義（exegesis）與詮解（hermeneutics）。我們讀聖經的目的是詮解聖經，但詮解不能任意，不能離開原初意義的範圍。每一個讀聖經的人都難免帶著自己的「視域」（理解力、視野）來閱讀及解釋聖經，所以我們要致力透過掌握聖經寫作時對原初讀者的意義，來分辨好與壞、合理與不合理的當代詮釋；這是讀者的積極角色。所以我同意立人兄的結論：「理解聖經是一個文本與讀者的雙向過程」，但我們的立論方式不同。

22 他們自以為是聰明的，卻成了愚蠢的。

23 他們用必朽壞的人、飛禽、走獸和昆蟲的形象，取代了永不朽壞
的神的榮耀。

24 因此，神就任憑他們順著心中的私欲去作污穢的事，以致羞辱自
己的身體。

25 他們用虛謊取代了神的真理，敬拜事奉受造之物，卻不敬拜事奉
造物的主。他是永遠可稱頌的，阿們。

26 因此，神就任憑他們放縱可恥的情欲：【他們的女人把違反自然
的功能取代了原來的性的功能】（經筆者修改）；

27 同樣地，男人也捨棄了女人原來的性功能，彼此欲火攻心，男
人與男人作出可恥的事。他們這樣妄為，就在自己身上受到應該
受的報應。
28 他們既然故意不認識神，神就任憑他們存著敗壞的心，去作
那些不正當的事。
29 這些人充滿了各樣的不義、邪惡、貪心、陰險；滿懷嫉妒、
兇殺、好鬥、欺詐、幸災樂禍；又是好說讒言的、
30 毀謗人的、憎恨神的、淩辱人的、傲慢的、自誇的、製造惡
事的、忤逆父母的、
31 冥頑不靈的、不守信用的、冷酷無情的、沒有惻隱之心的。
32 他們雖然明明知道行這些事的人，神判定他們是該死的，然
而他們不單自己去行，也喜歡別人去行。

這段羅馬書是新約聖經中就此題目最關鍵的經文。18 節講及全人類，譴責所有墮落人類的不義。但從 19 節開始保羅集中責備外邦人，因爲他們拒絕他們所知道的上帝，反叛造物主，反而去拜偶像（21 節）。這個反叛是病源，24 ～ 31 節所列出的各種惡行只是病徵。

經文中三次使用的 "exchange"（「取代」；三章 23、25、26 節），是一個關鍵詞。《和合本》譯作「變爲」太籠統，《新譯本》兩次譯爲「取代」較準確，但可惜沒有首尾一貫；在上引經文羅三章 26 節，我作了適當修改。

第一（23 節）及第二（25 節）次「取代」，都是以受造物來取代造物主；第三個取代（26 節）有一個類比之處，以受造物的安排（同

性性結合）取代上帝創造人類，造男造女時的安排（異性性結合）。（26節筆者按《聖經新譯本》理解其中的意思是「他們的女人把原來的性的功能，變成違反自然的功能」。這裏所說的「違反自然」，是指抗拒上帝造物的秩序。）[8] 這三次的取代，都是人對上帝的反叛行為，對「藉著所造之物就可以曉得，叫人無可推諉」的上帝及其男女結合秩序的反叛（《基督教新約倫理學》，頁514〔頁386～387〕；括弧內頁碼為英文原書頁碼，下同）。

龔評 03

1 保羅主要站在猶太人與非猶太人觀點來說，以致保羅認為「他們用必朽壞的人、飛禽、走獸和昆蟲的形象，取代了永不朽壞的上帝的榮耀。」但當下問題是：不接受上帝存在就是一個敵對上帝的行動嗎？若是，這與當下宗教對話的精神是違背的。再者，從宗教歷史角度來看，人類不是由一神論轉向泛神論（包括猶太人），反而是相反的。所以，保羅的指摘反映他的猶太人觀點。那麼，我們是否可以說：保羅在這裏提出三個取代的指控例子都有其歷史文化因素，而不是普遍性？

羅的回應

任何古人立論都有其歷史文化因素，但發言時的歷史文化特定性與言論的道德普遍性可以並行而不悖。問題是，保羅的發言只是反映了當時猶太人的觀點嗎？對教會而言，保羅書信的地位，就和第一世紀其他猶太人著作一樣嗎？

龔評 04

2 「自然的功能」所指何事？這只是一個男性「插入」與女性「被 ‧‧‧‧‧

海斯解釋得很中肯：「保羅對同性戀行爲的描述，固然在論證的主線上是居於次要的，而且是帶有舉例的性質；但所舉的這個例子，卻是保羅和讀者都會認爲是特別生動的。人輕視神創造設計的性區別這個基本原理，正是具體表現出人反叛這位『藉著所造之物就可以曉得』的造物主」（頁 513〔頁 386〕；譯文經筆者修改）。筆者補充一點，保羅在這裏之所以多用筆墨來談論同性性行爲，不是因爲這個罪本身比其他罪更值得譴責，而極可能因爲羅馬城乃羅馬帝國首都，在這個繁榮大都會中的同性戀情形比較多，因此也有更多人爲這種生活方式辯護。教會中有些人從小耳濡目染，不覺得這種「酷」生活方式是罪，所以保羅在寫給羅馬教會的書信中要特別指出同性性親密罪在哪裏，而在其他兩封書信中卻沒有類似的特別講解。

再者，海斯對這段經文提出三個總結觀察：

- 重點在描述全人類墮落的光景。
- 「保羅把同性性行爲挑出來做特別討論，是因爲這項特別顯眼的形象，很能表達人類的墮落如何扭曲神創造的秩序」（頁 516〔頁 388〕；譯文經筆者修改）。
- 「不過同性性行爲並不是特別值得譴責的罪，……也就是原則上不比貪婪、背後說人壞話、不尊敬父母的行爲更惡劣」（頁 516〔頁 388〕；譯文經筆者修改）。所有罪都是上帝譴責的。無分輕重（這點與林前六章 9 ～ 11 節及提前一章 9 ～ 10 節配合來看就更加清楚）。

換言之，保羅在這段經文把所有種類的同性性行爲，都視爲人類悲劇性紊亂及遠離造物主上帝的初步證據（頁 517〔頁 388 ～ 389〕）。[9]

插入」的生理課題嗎？按當時社會，自然功能更牽涉女人從屬於男人的意識。所以，若女性在性交上採取主動（例如，坐在男人之上），這是違反性的自然功能。那麼，同性戀之所以違反自然不純是一個生理課題，更是與這生理課題背後的文化意識有關。

羅的回應

首先，保羅所講的「自然的功能」只牽涉到性行為是男女結合那麼簡單，立人兄把「插入」與「被插入」某種背後社會意識讀進去，是走上 eisegesis 的路，把某種意識形態輸入到聖經原意。其次，立人兄説：「按當時社會，自然功能更牽涉女人從屬於男人的意識」。只不過，保羅書信中對夫妻之間性關係有一個革命性的主張：「但要免淫亂的事，男子當各有自己的妻子；女子也當各有自己的丈夫。丈夫當用合宜之分待妻子；妻子待丈夫也要如此。妻子沒有權柄主張自己的身子，乃在丈夫；丈夫也沒有權柄主張自己的身子，乃在妻子。」（林前七章 2～4 節）換言之，保羅認為在婚姻內性生活的滿足上，丈夫與妻子是平權的，顯示出保羅鮮明地突破了立人兄所説的「女人從屬於男人的意識」。

龔評 05

我不否定，也不完全肯定保羅對同性戀有充足的認識和理解。縱使秉祥兄引用哈伯德和威廉斯來説明當時希羅社會對同性戀有相當程度的理解，但這不等於當時社會上每一個人（包括保羅）都會有這種理解。但可以肯定的是，保羅對同性戀的態度是受其本身的希伯來文化影響。希伯來文化如何理解男女關係（即男與女的社會和性別角色）？例如，在一性理論（one-sex theory）下，有別於男海斯說得很好，「羅馬書一章 18 ～ 32 節其實是一段講道上的精密策劃偷襲行動（sting operation）」。當猶太人讀到這些對外邦人的責備而沾沾自喜時，保羅筆鋒一轉改爲譴責猶太人所犯的罪如外邦人一樣無可推諉：「你這論斷人的，無論你是誰，也無可推諉。你在甚麼事上論斷人，就在甚麼事上定自己的罪；因你這論斷人的，自己所行卻和別人一樣。」（羅二章 1 節）（頁 517〔頁 389〕；譯文經修改）。因此，「對保羅而言，自以爲義地論斷同性戀，是跟同性戀行爲本身一樣有罪。……所以說，保羅在這裏的警言忠告，應該改變我們當代辯論處理同性戀問題的做法：也就是沒有人能穩固地站在安全平台上去定別人有罪。」（頁 517 ～ 518〔頁 389〕）。換言之，人皆罪人，外邦人與猶太人，同性戀者與異性戀者，皆是天涯淪落人，應同病／異病相憐。

進一步而言，讀羅馬書不能只讀第一章，還要讀整卷書。第一章的上帝是一個公義的審判者，審判人的背叛。但是羅馬書的中心信息是言說上帝是一個有憐憫的拯救者，透過耶穌基督，轉化我們及增加力量給我們。所以第一章的譴責，主要目的不是定罪，而是要我們回轉（頁 527〔頁 396〕）。

簡言之，雖然羅馬書第一章是新約聖經中討論同性性行爲最關鍵的經文，但我們今天在用這段聖經時不宜推論太多，因爲第一，同性性行爲雖然是罪，但只是眾罪之一。保羅把這種罪挑出來譴責不是因爲這個罪特別嚴重，而是在這個世人反叛造物主的神學大論述中，這反叛是特別鮮明而已。第二，這段經文的原初意義是要來譴責外邦人不肯接受眞神的「一般啓示」，整段論述重點不是針對同性戀，與女應有的社會角色就是錯誤，不被接受。利未記十八章22節和二十章13節就是其中的例子。我不是要反對希伯來文化的秩序觀，而是要批判地認識希伯來文化的秩序觀企圖要建立一個怎樣的世界，並思考希伯來文化的秩序觀是否等於上主對世界的秩序觀的理解。此外，我們如何理解希伯來的秩序觀與當今秩序的關係？

羅的回應

立人兄質疑保羅對當時希羅社會同性戀是否有足夠理解，讓我以當代研究保羅的重要學者提瑟頓（Anthony C. Thiselton）的立論作答："Paul witnessed around him *both* abusive relationships of power or money *and* examples of 'genuine love' between males. We must not misunderstand Paul's 'worldly' knowledge."（Anthony C. Thiselton, *The First Epistle to the Corinthians* [Grand Rapids, MI: Eerdmans, 2000], 452）

近百年來西方學術界出現了兩個對保羅道德教導的偏頗詮釋，有些人強調保羅言論只反映當時猶太人的陳腔濫調，另一些人則強調保羅言論只是當時羅馬社會斯多亞學派（Stoicism）道德哲學的翻版。這兩種詮釋互相矛盾，但都有一個共同目的，就是把保羅的具體道德教導化約為人類歷史洪流中一個過時的聲音。這些詮釋在西方學術界頗有市場，因為能提出「新穎」見解，可以爭取出版機會；但對於教會，卻無甚裨益。很遺憾，立人兄對保羅的理解也是循著這種學術時髦。

龔評 06

雖然我贊同這講法（即同性戀者與異性戀者都是罪人），但這籠統說法淡化了同性戀的罪與異性戀的罪之不同性。即異性戀者不是因他們有異性性行為，所以他們是罪人，但同性戀者卻因他們有同性性行為，所以他們是罪人。因此，不明顯地指出這基本的不同而說異性戀和同性戀都是罪人，只會令同性戀者不自覺地接受他們的同性性行為是罪，但同性性行為是否罪仍在討論中。

而是針對世人對上帝的反叛。第三，異性戀者斥責同性戀是罪是很容易及安全的，因為這種罪是他們絕對不會犯的。所以，每一次異性戀者引用羅馬書第一章來斥責同性戀及同性性行為時，都有可能是猶太人譴責外邦人式的自以為義，也同樣會受保羅譴責，必須慎重。第四，羅馬書第一章的律法式定罪，是為了引領我們去接受耶穌基督的恩典，我們不應片面地用聖經。

雖然上述羅馬書這段責備同性性行為的經文表面是針對外邦人，但以下兩段指出男性同性性行為是罪的經文是針對所有人，特別是基督徒。

2. 哥林多前書六章 9 ～ 11 節及提摩太前書一章 9 ～ 10 節

林前六章 9 ～ 11 節：「你們豈不知不義的人不能承受神的國嗎？無論是淫亂的、拜偶像的、姦淫的、作孌童的、親男色的、偷竊的、貪婪的、醉酒的、辱罵的、勒索的，都不能承受神的國。你們中間也有人從前是這樣；但如今你們奉主耶穌基督的名，並藉著我們神的靈，已經洗淨，成聖，稱義了。」

這段經文在上文下理的重點是基督徒不應把彼此的爭執交給社會的法庭審判，彼此打官司。其中一個原因是哥林多社會道德水準低落，法院的人也如是，所以保羅便一口氣列出了哥林多社會十件敗德的事，其中包括了「作孌童的」（*malakoi*，原義是「柔軟」，意指那些帶有女人柔氣（effeminate），在男性同性性行為居被動的青少年男子），[10] 以及「親男色的」（*arsenokoitai*，成年男人之間的性行為）。[11] 這些罪，是哥林多社會中人的罪，但保羅說哥林多教會中有人以前也是過這些罪的生活，但歸信基督加入教會後，便與這些罪行告別了（承受神的國 = 接受神在我們生活中的管治 = 生命轉化，成爲新造的人）。值得注意的是，在這個罪的清單中，同性性行爲只是與其他罪並列，並沒有被視爲一個特別嚴重的罪。異性性交的罪有兩個（未婚人士的「淫亂」、已婚人士的「姦淫」），同性性交的罪也有兩個，都同樣是罪，無分輕重。[12]

提前一章 9 ～ 10 節：「因為律法不是為義人設立的，乃是為不法和不服的，不虔誠和犯罪的，不聖潔和戀世俗的，弒父母和殺人的，行淫和親男色的，搶人口和說謊話的，並起假誓的，或是為別樣敵正道的事設立的。」

這段討論法律作用的經文不言而喻，不需詳加解釋。和林前六章 9 ～ 11 節同樣值得注意的是：「親男色」只是眾罪之一而已！保羅在這裏再肯定舊約利未記的性道德所禁止的其中一項：「不可與男人苟合，像與女人一樣；這本是可憎惡的。……人若與男人苟合，像與女人一樣，他們二人行了可憎的事」（利未記十八章 22 節，二十章 13 節）。

英國學者提瑟頓（Anthony C. Thiselton）原是以研究詮釋學而聞名，他後來用了大量時間研究保羅，所寫的哥林多前書註釋接近一千五百頁。在討論完「作孌童的、親男色的」在當時代的意義之後，他也提供了三點對現代教會的提醒。

第一，林前六章 9 ～ 10 節列出了十項與上帝國度不一致的不良品德，同性性行爲只佔兩項，而且這十項之間無分輕重。當代教會若引用這段聖經，把同性性行爲作爲一個不可接納的條件（無論是接受水禮加入教會、在教會帶領服事、按立為牧師等），應該同時堅持所有人在其他八項不良品德方面都是清白的，否則便是歪曲了保羅的教導。

第二，古希臘羅馬社會的同性戀文化是非常發達的，這個「先於基督教」（pre-Christian）時期的多樣性性文化，與今天屬於「後於基督教」（post-Christian）時期的多樣性性文化，實在有很多雷同之處。要堅持認為保羅對同性性行為的教導，是針對一個與今天完全迥異的性文化處境，在學術上是站不住腳的。同樣，要堅持認為保羅根本不知道同性性行為（除了濫交）也可以有眞愛為基礎，是不必要地假設保羅孤陋寡聞。

第三，很多人常說，聖經只明確反對同性性行為，但是對同性性傾向是沉默的，這句話需要解釋多一點。假如有人推論說只要不從事同性性行為，有同性戀傾向者甚麼都可以做，這可是違背聖經的教導。保羅在林前六章 9 ～ 10 節列出的十項不良品性，其中之一是貪婪，但貪婪本身只是一種性情欲望，雖然沒有做出貪婪行為，也給保羅譴責。對於異性戀者的性欲，保羅是關心的（「與其欲火攻心」〔林前七章 9 節〕），耶穌也關心（「凡看見婦女就動淫念的」〔馬太福音五章 28 節〕）；所以，聖經會不關心同性戀者的性欲，讓其自由發展嗎？[13]

龔評 07

問題不只是如何理解這幾段聖經經文，更是如何建立一個溝通平台讓持不同意見者可以平等地、誠實地和清楚地表達、討論和聆聽。傅柯（Michel Foucault）在其《性的歷史》（*History of Sexuality*）一書中指出，要為性下定義，好比被誘使對社會作出不合法的操控。這説法不是要否定聖經立場，而是所謂聖經立場只是某種聖經立場，甚至所謂的聖經立場只是眾多立場之一。

羅的回應

既然立場如此眾多，那請問立人兄，對上述經文，你的立場是甚麼？這本書本來就是一個溝通平台，我已上台發言了，但立人兄似乎選擇做司儀，迴避發言。

龔評 08

第二，性本身是複雜和多面向的，包括生理、心理、社會、宗教和政治等。所以，只將性行為約化為同性或異性，甚至「插入」與「被插入」，而不問怎樣、為何、與誰、在甚麼關係等問題，我們無法認識性是甚麼。我們需要從身體、人的意義、家庭、社會文化等層面立體地理解性。

羅的回應

這一個大段落的主題是「詮釋聖經」。醫學、心理學、社會學、人類學、性學等等學科固然有助我們的反思，屬下文「理性與理論」範圍，但都不能取代對聖經文本的嚴謹釋義。

龔評 09

第三，縱使秉祥兄引用的論證而建立對聖經的觀點是可接受，但我的問題是，這些所謂聖經觀點並沒有同性戀者的聲音。那麼，同性……

3. 聖經的整體看法

我們讀聖經不應該見樹而不見林，因此，海斯提供了整個聖經神學中三個與同性戀議題有關的論述（頁 518 ～ 520〔頁 389 ～ 391〕）：

1. 對人的「性」（sexuality）的創造心意：男女結合，性欲的滿足應在異性婚姻中獲得（從創世記一章至新約）。[14] 龔評 10
2. 墮落是人類的光景：人陷於罪的天羅地網，失去完全不犯罪的自由，被罪所奴役（羅六章 17 節）。「我們的感官知覺被扭曲，我們的意志能力被挾制，使我們變得無法順服（羅七章）。」然而，人雖然活在罪的枷鎖中，但仍要受上帝的審判！聖經這個嚴格的要求否定了一般常識的預設：有自由選擇是受道德責備的必然先決條件。因此，按新約聖經的嚴格要求，「不能說因爲同性性傾向是不由自主的事，就認爲它在道德上是中性的」。 龔評 11
3. 解消「性的神話」（demythologizing of sex）：在聖經正典中找不到任何根據，支持性別或性傾向乃人身分認同或人生美滿的基礎；性滿足最多只是一個次要的美善。 龔評 12

海斯的《基督教新約倫理學》的其中一個精彩之處，是指出新約聖經倫理學必須奠基在新約聖經神學上。新約聖經是一個宏大敘事體，要掌握這個敘事體的關鍵內容，可以透過羣體、十架、新創造這三個主題。它們好比透鏡（照相機、望遠鏡、顯微鏡），只要把透鏡調整好，整本新約聖經的信息便清楚呈現。把這三塊透鏡用在同性戀議題的聖經反思中，海斯提出新約聖經還有以下這些宏觀視野可戀者的聲音如何可以豐富我們對性的討論？

羅的回應

上述的聖經觀點當然也有一些同性戀者的「阿們」聲音，海斯教授的好朋友 Gary、美國的袁幼軒、台灣的厲真妮，都是在過同性戀生活的時候，讀到上述的聖經經文，接受了這些聖經觀點，甘心放棄了同性性生活（但沒有變成異性戀）。凡是有同性戀掙扎，但甘心留在傳統教會的基督徒，都對這些經文說「阿們」。

龔評 10

我不反對上主創造心意，但問題仍是要解答：為甚麼是男女結合？這與創世記成書時的猶太人社會有甚麼關係？又與妥拉要表達的男女關係與猶太人的社會秩序觀有何關係？上主的創造心意是否有進化可能？

龔評 11

為何同性戀就是罪？為何同性戀被視為墮落的例證？界定同性戀是罪的理由是父權意識嗎？

龔評 12

「聖經沒有支持性別或性傾向乃人身分認同或人生美滿的基礎」假設了聖經不存在性別意識，但婦女神學對聖經的批判正指出聖經隱藏了父權意識，而閱讀者往往將這父權意識視為中立。又當反對同性戀者認為聖經沒有支持「性別或性傾向乃人身分認同或人生美供我們參考：

羣體的透鏡

襲評 13

教會的身分與使命乃是透過身體力行，使每一個信仰羣體都把新約聖經的要義，活潑地、具體地在教會生活中呈現出來，成爲基督的書信，讓世人閱讀，向世人宣講上帝對世界的拯救。所以，一方面，教會對性倫理比一般社會有更高的要求。另一方面，教會透過團契生活，對所有努力過順服上帝生活的信徒提供支援扶持（頁 406 ～ 407，520 ～ 522〔頁 304，391 ～ 392〕）。

十架的透鏡

襲評 14

首先，十字架彰顯了上帝對世人犧牲的愛。「對於基督徒羣體應當如何回應具有同性戀傾向的人，這一點具有深厚的含義。也就是說，縱使他們的一些行爲是有違神的創造設計，十字架還是示範了信仰羣體對於他們的回應方式：不是定罪，而是犧牲服事」。其次，十字架是大能的恩典，使接受耶穌基督的人不再活在罪的枷鎖當中，不再受困於心理或生物決定論（羅六章）。因此，「在閱讀羅馬書第一章對同性戀行爲的審判時，絕不能脫離羅馬書接續的篇章——其信息乃是透過基督十架而流出的恩典與盼望」（頁 523〔頁 393〕）。

新創造的透鏡

- 羅六章 14 節：不再活在罪的轄制中。
- 羅七章 24 節：我眞是苦啊！
- 羅八章 22 節：一切受造之物一同歎息，勞苦。

滿的基礎」時，他們忘記了他們以異性戀者身分或守獨身者身分說這些話。

羅的回應

對於立人兄上述的兩段話我有些感慨。一些現代人感到逆耳的聖經言論，動不動就以「父權意識」來把這些聲音驅逐摒棄，以婦女神學之名來宣布這些聖經言論不相干，並不是一個負責任的聖言詮釋工作。拙文摘要複述海斯教授的三段話，若有錯誤，可以具體指出；只是大而化之冠以「父權意識」然後一筆勾銷，對讀者沒有幫助。再者，按立人兄所言，整本聖經都充斥著「父權意識」，上文所談論的聖經觀點都只是延續這種過時落伍的「父權意識」，那要麻煩立人兄示範如何以去除父權意識的方式聆聽這些上帝話語。還是這些經文都只是父權話語，不是上帝話語了，可置諸不理？

再者，立人兄的立論蘊涵意指保羅是一個父權主義者。然而，保羅的重要宣言說：「並不分猶太人、希臘人，自主的、為奴的，或男或女，因為你們在基督耶穌裏都成為一了。」（加拉太書三章 28 節）這是父權意識嗎？在羅馬書十六章，保羅一一問候羅馬教會中的眾多女領袖，這也是保羅的父權意識作祟嗎？

龔評 13

我贊同教會對性倫理有更高的要求。但為何更高要求就等同不接受同性性行為？是否建議者已假設了同性性行為是次等的？此外，是否這更高要求可以是拙文提出的「公義的性」？

龔評 14

縱使我欣賞這種態度，但我不認同一切同性性行為就是罪。所以，我對這態度某種的應用性仍有保留。

・羅八章 23 節：等候身體得贖。

羅馬書也有已然／未然的末世論：已被基督拯救大能釋放的基督徒（已然），在現今仍需努力奮鬥過一個忠心的信仰生活，身體得贖是一個對未來的盼望（未然）。在這兩個時期中間，信徒的忠心生活既有力，但又有困擾艱難。「在末世做道德察驗，其中的巧妙就在於要分辨出如何活出罪中得自由釋放的生活，卻又同時不會貿然以爲自己已進入一種狀態，是脫去了『現在的苦楚』（羅八章 18 節）。」海斯認爲面對「性失序」（disordered sexuality），自律約束情欲是更好的選擇。（頁 524〔頁 393 ～ 394〕）。 龔評 15

龔評 16~17

簡言之，按聖經整體的世界觀，上帝創造人並安排男女結合，夫妻建立家庭。但在人類墮落後，萬物失序，人的情欲也扭曲失序。因此，人的自然情欲表達不一定是好的，而且自然情欲不是人生主宰，應按上帝的心意作自我約束。我們若接受聖經的權威，這個聖經的世界觀，對現今的人世還是同樣生效的。

4. 同志釋經

由於聖經對同性性行爲的負面評價非常清晰，當代同志解經一直想盡辦法使這些經文不適用於當代生活。限於篇幅，在這裏只簡介兩個全面檢討。首先，美國匹茲堡神學院的聖經教授加儂（Robert A. J. Gagnon）於 2001 年出版厚達五百二十頁的《聖經與同性性行爲》（*The Bible and Homosexual Practice*），被好些資深聖經學者譽爲

正文請轉頁 46

龔評 15

拙文對新創造有不同詮釋，即新家庭的概念。

龔評 16

或許，我以上的回應容易給讀者有一種感覺，就是我不接受聖經權威，但問題是，我們需要澄清甚麼是聖經權威。或如何理解聖經在基督徒倫理生活的權威？

1. 看聖經是上主的命令。上主命令有如駕車人士要遵守的交通規則。然而，這些規則不是教駕車人士如何駕車。他們仍需要按當下處境，並留意上主對他們個人直接的吩咐來決定如何駕車，甚至合情地違規。至於如何聆聽上主的吩咐，關乎人心靈的準備？
2. 聖經有如道德的提醒。縱使人犯罪，人並沒有因此而失去對道德律的辨識能力。基督帶來的，不是有關道德的新資料，而是聖靈的禮物，藉此改變我們的動機，並完成我們的本性。
3. 聖經是要帶來解放。上主為弱小者發聲，使他們脱離欺壓，並要求那些忠於聖約的人也效法上主。
4. 對上主啟示的回應。在回答我應該如何行之前，我們要問上主在我的生命做了甚麼事。上主沒有用預定論決定世界，但祂在歷史中審判、拯救和創造。聖經提供我們認識祂在歷史行動中的模式，讓我們可以從中辨識當下上主的行動，並回應之。
5. 成為門徒。成為門徒就是具體呈現耶穌獨特的生活方式形態，品格比行動優先。我們要讓基督故事塑造我們的生活。

羅的回應

讀到這裏，我感到非常困惑。在以上的評論，立人兄多次引用婦女神學批判聖經中的父權意識。按照婦女神學，聖經中父權意識的核心，就是天父與聖子耶穌都是男性。因此，婦女神學家嘗試用不同辦法去修改上帝的三一論及基督論。三位一體中有兩個位格都是男性是不可接受的，因此麥菲（Sallie McFague）以「母親、愛人、朋友」，莊遜（Elizabeth Johnson）以「神靈、智慧、母親」來重新詮釋三個位格。隨著耶穌在三一論中消失，婦女神學家也重新詮釋基督論。費許妮莎（Elizabeth Schüssler Fiorenza）認為基督教神學核心不是基督論，而是智慧論（Sophiology），耶穌只是為智慧作見證的先知而已。希活（Carter Heywood）提出基督論的核心不是基督（Christ），而是陰性的基督（Christa），它是世上每一個人內心都有的神聖解放能力（參 Letty M. Russell & J. Shannon Clarkson, ed., *Dictionary of Feminist Theologies* [Louisville, KY: Westminster John Knox Press, 1996] 有關 "Christa," "Christology," "Trinity" 三個條目。）因此，立人兄若是立場一貫地接受婦女神學對聖經中父權意識的批判，就不應該提出「成為門徒就是具體呈現耶穌獨特的生活方式形態……。我們要讓基督故事塑造我們的生活」。按婦女神學的理解，耶穌這個男人呼召了十二個男人成為他的門徒，建立了一個男人支配女人的教會體制。因此，今天基督徒做門徒，是作神聖智慧的平等門徒，而不是耶穌的門徒。（參同上書，"Discipleship of Equals" 條目。）再者，聖經說：「因我們的大祭司並非不能體恤我們的軟弱。他也曾凡事受過試探，與我們一樣，只是他沒有犯罪。」（希伯來書四章 15 節）婦女神學一致反駁，認為耶穌只是男人，充其量只受過男人的一切試探，從沒有經歷過女性的試探，所以這個基督故事，不可能塑造女信徒的生活。

設若立人兄樂意不一致地剪輯婦女神學以達到其目的，堅持耶穌是男女基督徒生活的典範，那不知立人兄如何處理耶穌與保羅的關係？保羅多次呼籲教會信徒「你們該效法我，像我效法基督一樣」（林前十一章 1 節）。我們若願意效法保羅，接受其身教，當然也願意接受其言教，那就是接受他三次對同性性行為……的反對。但立人兄之前多次說保羅的道德教導只反映猶太人的父權意識，那立人兄是否暗示，保留對耶穌基督的效法其實是對耶穌身教言教的嚴重扭曲？

龔評 17

如何理解聖經是一個詮釋的課題，但如何理解聖經跟基督徒倫理關係是關乎對聖經、神性與人性等的不同態度。因此，我們對聖經權威的理解並非單一。

羅的回應

立人兄上述五點有關聖經如何在基督徒生活中顯出其權威的論述，除了第五點是具體一點之外，其他四點都非常抽象闊大，對於聖經中的具體道德教導不置一詞。對於我提出的多段聖經及其詮釋，立人兄選擇不提供另一個解釋，而只是動輒訴諸婦女神學對聖經中父權意識的批判而把這些經文消解掉（explain away）。但對於婦女神學對聖經父權意識批判的核心，拒絕以耶穌為神的兒子，拒絕耶穌的絕對權威，立人兄卻費解地回到傳統教會的立場。

非常感謝立人兄的提醒，我承認教會對父權意識反省不足，但不能簡單採用西方婦女神學進路，也不能訴諸父權意識就可以把相關經文消解掉。

這方面最好的學術著作。[15] 加儂歸納出當代同志解經者從聖經詮釋找到的七條逃生路線：

1. 聖經只譴責剝削性質及孌童式的同性戀；
2. 聖經譴責同性戀因爲這行爲顛覆男性主導的社會秩序；
3. 聖經中完全沒有「只對同性才產生戀慕與性欲」這當代意義的同性性傾向；聖經中反對的同性性行爲都是源於異性戀者性欲不知足的荒淫；
4. 同性戀者是基因決定，這是聖經作者所不知道的；
5. 只有很少經文直接論及同性戀；
6. 聖經中有些指引是我們當代教會也不跟從的，爲甚麼那些反對同性性行爲的言論就仍然對我們有約束力？
7. 人皆罪人，無需針對同性性行爲這罪大造文章。

加儂在書中用了超過一百頁對這七條詮釋方式作出非常詳盡的檢討，並指出其嚴重弊病，有心的讀者可以參看。[16] 龔評 18~19

此外，美國門諾會聖經學者史域尼（Willard M. Swartley）也在其專著中小心翼翼地多角度反思這個問題。他仔細閱讀當代對同性戀的聖經詮釋，發現想把同性戀移除於聖經權威之外的解經法至少有七種（其中有些是互相排斥的），他逐一討論，認爲都不能成立。[17]

正文請轉頁 50

龔評 18

指出反對同志釋經之餘，加儂也論證異性關係比同性關係更合乎上主創造。例如：

1 性別互補論證明異性關係比同性關係強（頁 488；頁碼為原書頁碼，下同）。但事實是否如此？我的回應將放在巴特（Karl Barth）那一段。

2 他對同性戀持相對地負面的評論。例如，他認為同性戀明顯地較難建立成功婚姻（頁 471）。此外，他引用資料提及同性戀者有較高可能患抑鬱、自殺和濫藥，但卻沒有提及恐同對同性戀者製造的影響（頁 471～486）。

3 他承認非人類的動物世界也有同性關係，但他認為這不足以證明同性戀是自然的（頁 180，註 25）。加儂說，「我們人類應該模仿動物的最好，不是最壞」（頁 180）。這是否一種對同性戀有前設的閱讀？事實上，動物世界讓我們思考甚麼是自然和秩序。貝哲米（Bruce Bagemihl）對動物的同性活動有很重要的研究（*Biological Exuberance: Animal Homosexuality and Natural Diversity* [New York: St. Martin's Press, 1999], 122～167）。

羅的回應

對於加儂這些論述，我沒有甚麼興趣，因為這些意見既非他的專長，也非拙文本段落的焦點——對「同志釋經」弊病的檢討。很可惜，立人兄對這焦點題目不置一詞，而選擇把我們的注意力帶到別的地方。

龔評 19

說回來，聖經是否不可以接受同性戀？請參看拙文。簡單來說，我認為上主的恩典足以包括同性戀者。至於性行為本身，我已在上面指出對性有立體地理解的需要。在此，我特別要指出我們需要以愛為鏡子的詮釋方法。面對當時的人對妥拉有不同理解時，耶穌總結說：「愛你的上帝……愛人如己。」類似的情況也發生在耶穌對待那些律法主義者，他說：「人不是為安息日而……

設，安息日是為人而設。」早期教會教父奧古斯丁強調愛是聖經的中心，要明白聖經必須掌握這一點。他說，我們對聖經詮釋的爭論而導致水火不容時，我們已不明白其中心真理。

他又說，從這些文字，我們可以得出很多意義，而我們竟如此愚蠢，急著肯定哪一個是摩西的意義，並以破壞性爭論傷害愛的靈，卻忘記了摩西所講的一切的目的是為了愛（St. Augustine, *Confessions* [Harmondsworth: Penguin, 1962], 12.25.35, 301）。

對奧古斯丁來說，釋經的目的不是正確教義，而是正確生活，即按愛的靈而活。面對有爭論的經文，我們需要繼續默想，直到那詮釋建立愛的國度。（St. Augustine, *On Christian Doctrine* [New York: Bobbs-Merrill, 1958], XXXV, 30.）奧古斯丁又寫道，若字面詮釋有衝突，並違反愛的靈的原則時，我們要應用象徵性詮釋。

羅的回應

立人兄在這裏引用了兩段奧古斯丁的話，希望緩和對聖經論同性性行為兩種詮釋的衝突。由於奧古斯丁對天主教及基督教都是影響力最大的神學家，我需要用多一點篇幅回應：

1. 在《懺悔錄》卷十二中，奧古斯丁主要在處理創世記一章 1 節的相關教義，他既花了不少篇幅反駁摩尼教（Manichaeism）的錯誤詮釋，同時又要對北非多納圖派（Donatists）的指控提出辯護，他們認為奧古斯丁錯誤地詮釋創世記。在這個教義討論的語境中，奧古斯丁寫下了立人兄的引文。
2. 因此，按《懺悔錄》卷十二的上文下理，奧古斯丁這段話只指出當我們在詮釋聖經以建立教義真理而發生爭執時，不要忘了對上帝及對他人的雙重愛的誡命。立人兄說：「對奧古斯丁來說，釋經的目的不是正確教義，而是正確生活。」其實奧氏對兩者都同樣注重。
3. 奧古斯丁的研究者認為，奧氏在《懺悔錄》卷十二或整本《懺悔錄》中，都強調在詮釋聖經時，真理與愛同樣重要。（Kim Paffenroth and Robert P. Kennedy, eds., *A Reader's Companion to*

Augustine's Confessions [Louisville, KY: Westminster John Knox Press, 2003], 203～204.）

4. 熟悉奧古斯丁著作的人都知道，奧古斯丁終其一生，對正確教義非常堅持，因此他寫下大量針對性的辯護教義著作（包括反摩尼派著作、反多納圖派著作、反伯拉糾派著作）。讀者若以為奧古斯丁在詮釋聖經時，只關心「正確生活」，不關心「正確教義」，是天大的誤會。

5. 在《懺悔錄》卷三對罪的討論中，奧古斯丁有一段可圈可點的話，既肯定雙重愛的誡命，同時也譴責同性性行為：「那末『全心、全靈、全意愛天主和愛人如己』在某時某地能不能也成為非正義的呢？凡違反天性的罪行，如所多瑪人所做的，不論何時何地都應深惡痛絕，即使全人類都去效尤，在天主的定律之前，也不能有所寬縱，因為天主造人，不是要人如此自瀆。天主是自然的主宰，淫欲玷污了自然的紀律，也就破壞了我們和天主之間應有的關係。」（卷三，八章 15 段；北京商務印書館中譯本，頁 45～46）。這裏所指的所多瑪人行為，就是同性性行為（參 *A Reader's Companion to Augustine's Confessions*, 48）。為何奧古斯丁突然在這段對摩尼教的討論中，加插了這個對同性性行為的譴責，有學者認為可能是摩尼教容許同性性行為，而且奧古斯丁是摩尼教過來人，年青時性生活多姿多采，也許也有此經歷，於是透過這段文字委婉地向上帝表達懺悔（參 *A Reader's Companion to Augustine's Confessions*, 235）。

6. 眾所周知，奧古斯丁的性倫理對中世紀教會影響深遠，而他在多篇著作中清楚指出性行為的主要目的是為了生育，任何不能生育的性行為都被視為「違反自然」（Elizabeth Clark, ed., *St. Augustine on Marriage and Sexuality* [Washington D.C.: Catholic University of America Press, 1996], 5～6, 20, 36, 43, 48, 53）。我並不贊成奧古斯丁這個觀點，但要讓讀者知道，他在性倫理問題上，有非常明確反對同性性行為的立論。

7. 立人兄說要「按愛的靈而活」。然而，愛一個人與鼓勵他／她離開上帝不喜悅的生活並無矛盾（參太十八章 15 節）。

簡言之，「同志釋經」是一廂情願地認爲古羅馬的同性性行爲要麼就是異性戀者所幹的飽暖思淫欲，要不然便是一些剝削性的行爲；因此保羅對同性性行爲的譴責不適用在今天平等、眞心的同性戀關係。可是，當古希臘羅馬文化的研究者陸續出版有關古代同性戀的研究（如上文介紹的哈伯德及威廉斯的著作），把保羅時期羅馬世界中的同性戀與同性性行爲全貌呈現出來，發現他們與我們今天社會的情形有不少類似，這些研究成果徹底推翻了很多「同志釋經」的立足點。 龔評 20

C. 從古代聖經世界到現代世界

詮釋聖經的任務，第一步和最重要的一步，是要把上古聖經時代道德價値觀的正典的本來面貌，如實告訴我們這些對古代聖經世界陌生的當代人。我們要先弄清楚，上帝在當時的歷史、文化、社會，如何透過這些書卷作者，向那個時代的信仰羣體講話（這正是上文所作的）。然後第二步，透過詮釋工作，我們努力聆聽上帝今天如何透過同樣的書卷，向我們這個時代、文化、社會的信仰羣體講話。如此才能建構詮釋橋梁，適切打通古今兩個世界，克服了「文本原義」與「文本今義」的鴻溝。因此，在討論完聖經原意之後，下一章我們要檢視今天社會所面對的同性戀及同志運動是怎樣一回事，然後才知道如何建構詮釋橋梁。

D. 小結

- 聖經明確反對同性性行爲。 龔評 21

龔評 20

參考P. Groves, J. Holder and P. Gooder, 'The Witness of Scripture,' in P. Groves ed., *The Anglican Communion and Homosexuality*（London: SPCK, 2008）, 81～154。綜合來說，他們認為新約學者對同性戀有三種態度：

1. 大部分新約學者認為新約聖經是反對同性性行為。
2. 另有一羣學者認為這跟當時猶太人文化和傳統有關，並不適用於當下。
3. 另有學者認為新約沒有反對同性戀，因為保羅所用的字眼是難於翻譯。再者，聖經反對的是廟妓，而不是相愛的同性性行為關係。

第一，這三組新約學者皆同意新約聖經不贊同同性性行為，但他們對新約聖經不贊同同性性行為的原因有不同解釋。第二，新約聖經對當下有關性愛的理解並不如想像中可以提供直接回應，因為希伯來文化的秩序觀與今日不一樣。

羅的回應

立人兄再一次把新約聖經對性愛（不只是同性戀）的道德教導約化為希伯來文化，然後以文化的相對性來拒絕這些教導對現今信徒的相關性。這種簡約主義（reductionism），既不是歷代教會，也不是當今普世教會對聖經的主流看法。

龔評 21

重點不是反對或支持，而是為甚麼反對。這為甚麼反對跟希伯來文化有甚麼關係？

- 聖經對同性戀愛沉默，但也對異性戀愛沉默，因爲聖經時代沒有自由戀愛，也沒有先談戀愛後結婚的習俗。
- 保羅身處的希臘羅馬文化社會有同性性傾向及實踐此傾向的人，有學問及見識廣博的羅馬公民保羅應該也知道這社會風氣，所以他對同性性行爲的譴責，應該包括同性性傾向者的行爲（同性性行爲與同性性傾向者的行爲不一樣，因爲異性戀傾向者也可以進行同性性行爲）。 龔評 22
- 保羅雖然知道羅馬社會有同性性傾向的人，但保羅只譴責同性性行爲，沒有譴責同性性傾向本身。今天基督徒若發現在感情上受到同性而不是異性吸引，須知道聖經沒有對此定罪。 龔評 23
- 同性性行爲是一種罪，但聖經記載的罪有很多，新約聖經三次譴責同性性行爲是罪時，皆沒有把同性性行爲定性爲比任何罪更大、更嚴重、要受更大懲罰。今天教會若尊重聖經，服從聖經權威，就不應情緒化地、針對性地譴責同性戀。 龔評 24
- 一個在基督裏的人，有基督的生命，生活應該有所轉變。同性戀與同性性行爲，以及任何道德過失，不可以成爲一個獨立王國，拒絕神國降臨，抵抗上帝主權。 龔評 25
- 所有罪都嚴重，然而聖經的定罪是爲了邀請我們接受恩典。基督徒對他人的角色不是審判者（我們不是上帝），而是愛心提醒，耐心帶領；我們要小心避免講出尖銳刺傷人的話，然後不顧而去。

龔評 22

這是對保羅認知的假設。試想今日社會中仍有很多有識之士，他們對同性戀的理解也很片面。

龔評 23

為甚麼保羅譴責同性性行為？這跟他希伯來文化的關係如何？

龔評 24

不贊同同性性行為一定是罪。

龔評 25

同性戀與同性性行為就等同抵抗上主嗎？還是那恐同和由恐同產生出來的恐懼政治更抵抗上主？

羅的回應

立人兄對這個小結的評論，帶有重複性，我之前已有回應。為節省篇幅，於此不贅。

二
基督教倫理學依據之二：教會傳統、理性與經驗

A. 歷代神學家看法舉隅

基督徒作倫理思考，不妨參考歷史中一些傑出神學家如何詮釋聖經。龔評 26
我們要向他們借鑑，而不是墨守成規；既接受他們的洞見，但對他們的限制甚至錯誤要引以爲鑑。

因篇幅限制，本文只能從中世紀和宗教改革各挑一個神學家來討論；而二十世紀的神學家，筆者則選了兩個，因爲當中有重要發展。[18]

1. 中世紀：阿奎那

阿奎那（Thomas Aquinas, 1225～1274）是天主教傳統中最重要的神學家，其《神學大全》（*Summa Theologica*）有頗多篇幅討論道德神學。在這部巨著的〔第二集／第二部分／第154題／第1節〕中，他把淫佚（lust）分成六類：單純的姦淫（未婚人士）、通姦、亂倫、誘姦、強姦，以及違反自然的罪。所謂違反自然的罪包括：自慰、獸交、同性性交、不自然的方式或不適當器官的性交（第11節）。他並且論證這些違反自然的罪是所有淫佚罪中最大的，而當中最嚴重的是獸交，其次是同性性交（第12節）。[19]

龔評 26

除神學家外，也應參考不同教會的立場。是否接受同性戀的教會就是離開真理？他們對同性戀的討論是如何進行的？例如，我認為美國信義會（Evangelical Lutheran Church of America）是值得參考的個案。

羅的回應

立人兄反應熱烈，本來是可喜的。但上述的評論又偏離了我的論述主線。歷代神學家立場是一回事，當代西方某些教會立場是另一回事。限於篇幅，我於此不想扯遠了。

阿奎那認爲只因爲同性性行爲不能達到生育的目的，同性性行爲比亂倫及強姦都是更嚴重的罪；這個價值判斷沒有任何聖經根據，其背後的推理也不是現代基督教倫理學可以認同的。

阿奎那之所以要在這些罪中分輕重，因爲天主教的道德神學要爲教會紀律服務，指引神父接受信徒告解及訂出補贖行動的多寡。再者，傳統天主教道德神學一直把罪分爲小罪、重罪及死罪（使天主與人的關係割斷），而阿奎那把上述六類性行爲的罪都視爲死罪！基督教既沒有告解補贖禮，在神學上也不接受得救信徒會犯「死罪」的看法，所以沒有必要在罪中排列輕重。宗教改革領袖認爲罪的本質不是一些個別的不道德行爲，而是因爲不信或傲慢而與上帝分離的生存狀態。道德過失不是罪的本質，而是罪的結果。稱義是因信，不是因行爲。人的生存狀態只有兩種：在罪中活、在基督中活。信靠基督的人已不在罪的權勢下，但仍有罪行，都要爲現實道德生活中的罪行悔改，無分大小。幹嘛要分辨病徵大小？看到病源才是關鍵。

2. 宗教改革：加爾文

加爾文（John Calvin, 1509 ～ 1564）是宗教改革諸領袖中影響力最大的神學家。他在《羅馬人書註釋》（*Commentaries on the Epistle of Paul the Apostle to the Romans*）對羅一章 26 節的同性性行爲作以下的論述：「作爲頭一個例證，他提出反自然私欲的可怕的罪行。這證明人不但把自身棄交於野獸般的情欲，而且甚於動物，一反自然的整個秩序。」[20] 加爾文這個評論有三點值得注意：（1）他認爲同性性行爲是極恐怖噁心的，以致不敢直稱其名，而且在註釋中添加了保羅所沒說的話，說這樣的行爲是禽獸不如。這是他的個人意見，而非保羅原意。（2）加爾文認爲同性性行爲顛倒了整個自然秩序（reversed the whole order of nature），[21] 不過這個譴責也過火了。（3）然而，與天主教不同的是，加爾文沒有明言這是比其他罪更嚴重的罪，只如實地指出這是保羅提出來的一連串例證的第一個。這是加爾文的曖昧。

加爾文對同性性行爲的曖昧評價，與傳統天主教的明確評價比較，有新瓶舊酒的作用。一方面，他揚棄了把性行爲的罪羅列出來排列等級，沒有明確直言同性性行爲比其他的罪行更嚴重；另一方面，他取用的修辭（禽獸不如、顛倒整個自然秩序），在效果上還是突出了同性性行爲是一種非常嚴重的罪。基督教以後幾百年的歷史，都在受這種看法影響。有些教會甚至把這個曖昧拿走，重新回到傳統天主教的思維模式。

當代華人教會中還有小部分信徒，在思考習慣上把同性戀甚至視爲人類一切罪中最嚴重的，但這個判斷又有何聖經根據呢？有些基督徒把範圍縮窄在性道德，認為只要是同性性行為，就一定比異性性行為更大罪。但是，難道一對長期的同性戀伴侶，過著彼此委身及忠貞的伴侶生活，他們之間的性生活，就比一個荒淫無度不斷更換性伴侶的異性戀者的性生活有更嚴重的罪？這判斷有何聖經根據？當代一些基督教徒，忘記了宗教改革以來的一個重要原則：「唯獨聖經」。新約聖經把所有罪行都視為嚴重，都要對付；罪就是罪，無需把罪行再分不同嚴重程度。再者，論斷同性戀者犯的罪一定比異性戀者大，是否自以為義呢？

龔評 27

在宗教改革，「唯獨聖經」不是獨立地存在，更有「唯獨恩典」和「唯獨基督」。事實上，「唯獨聖經」針對當時羅馬教會高舉傳統來說。因此，「唯獨聖經」是見證「唯獨恩典」和「唯獨基督」，而不是將聖經等同上主。若「唯獨聖經」令某些基督徒以聖經為由判斷同性性行為是罪，「唯獨恩典」和「唯獨基督」如何幫助我們思考同性性行為？

羅的回應

一方面，立人兄這個評論也是偏離了我論述的重點。但另一方面，我非常高興他提出了這個話題。答案是簡單不過：「唯獨基督」及「唯獨恩典」，我們才可以擺脫上帝不喜悅的生活方式，包括同性戀生活，及違反聖經的異性戀生活。

值得一提的是，加爾文有一個有名的教義陳述，叫「信徒堅忍」（perseverance of the saints），俗稱「一次得救，永遠得救」。也就是說，眞正被耶穌拯救的基督徒，不管犯了甚麼罪行，仍會被保守留在基督的救恩中。救恩不是因爲我們的好行爲，而是因爲耶穌的恩典。所以基督徒不會因爲道德生活有行差踏錯，而犯了使我們失去救恩的「死罪」。所以，不管是甚麼道德生活的罪行，都不會使一個基督徒因此而下地獄。然而，加爾文強調基督徒生活要在各方面遵守聖經道德律，努力成聖。換言之，重生得救的異性戀基督徒與重生得救的同性戀基督徒，早晚在天堂還要相見，我們現在的關係是否應避免弄得弩張劍拔？我們應該彼此鼓勵過全然成聖的生活，不要如耶穌所說，只看到對方眼中有刺，而不理會自己眼中有梁木。

3. 二十世紀：巴特

近代瑞士神學巨匠巴特（Karl Barth, 1886～1968）在他的神學創造論提出，上帝創造人類時所立下的社會秩序可用兩句片語來綜合：「男或女」（male or female）及「男和女」（male and female）。上帝創造的每一個人都是或男或女，而不是一個中性的人。而且上帝在造男造女之後，不是把他們隔離孤立，而是要他們過一個男女互助的羣體生活。這表示不管是男性還是女性，沒有一個性別可以自滿自足地過人生，同性別的人在一起不可能便一切完善圓滿。人性的圓滿發展，是有賴於兩性透過婚姻及社會生活在一起（有些人稱這類觀點爲「性別互補論」）。因爲這個「男和女」的規律，巴特反對天主教修道院中男女隔離生活的安排，也反對同性戀。[22]

按巴特神學有關人論的中心思想，人性的發揚必須是「同儕的人」或

「同仁」（fellow-humanity），而眞正的同仁必須是「男和女」。作爲一般性原則，一個男人必須要與女人生活，一個女人必須要與男人生活，才是眞正的人。[23] 在這個討論的脈絡中，巴特在頁 166 整頁的小字內直接批判同性戀，而且用了一些很重的字眼，如「病態」、「變態」、「頹廢」、「墮落」、「鄙視」、「伴侶的替代品」、「自滿自足」、「拜假神」等。[24]

這一卷的《教會教義學》（*Church Dogmatics*）德文版出版於 1951 年，離開納粹時代不遠，儘管巴特反對希特勒，他是否依然擺脫不了那個時代的意識形態？據巴特的助手布殊（Eberhard Busch）所說，巴特晚年

龔評 28

性別互補論是一個廣泛被應用的概念來否定同性戀，並合理化異性戀。

1. 然而，婦女神學對聖經的批評，指出聖經的男女關係並不是互補，反而是權力和從屬的關係。支持性別互補論正違反了秉祥兄反對以讀入（eisegesis）方式閱讀聖經的明顯例子，因為性別互補論不是聖經的觀點。
2. 性別互補可分為心理和人格。前者關乎生育，而後者關乎共同性。然而，這兩者沒有必然關係，又並非不可分割看待。

羅的回應

1. 立人兄本來就堅持聖經中對兩性的論述都充斥著父權意識，要嚴加批判，並且認為性別互補論也是要受批判，那麼性別互補論是否聖經觀點，又何需介懷呢？
2. 巴特神學人觀的核心不是性別互補，而是上文提及的「同仁」。
3. 我也不完全認同巴特的性別互補論，見正文以下一段。

（1968 年） 也不滿意自己在 1951 年關於同性戀的論述，但爲了集中精力完成《教會教義學》，所以沒有時間表達於文字。[25]

巴特把男女夫妻結合視爲「同儕的人」或「同仁」的極致表現，似乎誇大了性別互補在羣體生活的作用，及低估了其他「同仁」的重要性。再者，巴特把同性戀生活提高到拜偶像的罪，措辭是過火了。因此，在修辭上，巴特還是繼承了加爾文的衣缽，對同性性親密以最嚴重的語氣來譴責。五百年前加爾文對羅馬書一章 26 ～ 27 節的釋經不夠仔細，可以理解，而巴特在同一章節上的釋經功夫仍然粗枝大葉，這倒是令人遺憾的。[26]

4. 二十世紀：帝立克

帝立克（Helmut Thielicke, 1908 ～ 1986）是德國神學家及教會牧師，比巴特年輕二十二歲，著有《神學倫理學》（*Theological Ethics*）四冊，但英譯本只有三冊，是一個濃縮本。英譯本的第三冊處理性倫理，最後一部分稱爲 “Borderline Situations ”，即所謂的「灰色地帶」，處理了四個議題，而最後一個就是同性戀。[27] 第三冊的藍本是作者於 1963 年在美國芝加哥大學神學院講學的材料，當時巴特尚在生，而他比巴特年輕，能夠用更廣闊的眼界（如精神醫學）看同性戀議題。他認同巴特對同性戀的神學及倫理學判斷，但不認同他對同性戀者的實際建議。巴特只提供一個方向：警告大家不准進入這種生活；其他人能夠做的就是協助同性戀者接受心理治療。但設若有一些同性戀傾向是根深蒂固，並非出於自己的選擇，也無法更改，那麼教會還能跟他說甚麼呢，如何教導他們生活呢？帝立克說，「我們不禁要問巴特有沒有牧養過同性戀者，陪同他一起上路。我們懷疑若這樣的事情發生過，他在這個議題的基本神學定位會有所不同。」[28]

帝立克透過仔細研究聖經，坦白承認同性戀生活偏離創造的秩序，是一種 perversion，這個字是一個神學描述用語，沒有貶義，只是指出與創造秩序不符合（所以這個字應翻譯爲「失序」，而不是一般人說的變態、反常、錯亂、顛倒等）。換言之，同性戀的存在正如這個世界有惡疾與災難，都是人類墮落後整個世界失序（disordering） 的結果。所以他說：「自從人類墮落以來，我們所有人都共同參與生活在這個失序的受造世界中，同性戀傾向本身不應比其他失序情況受到更強烈的貶低……同性戀者該分擔的譴責不應如此嚴重，以致我們『正常』人可以如法利賽人般感到如此自義」。[29] 這樣說來，同性戀者應該有三件事可做：第一，不應把這種境況美化，視之爲人倫正軌，而要承認它是值得質疑（但這個質疑可以轉化爲一個創意的挑戰及藉之賜恩福予他人）。第二，樂意接受治療，回歸到創造秩序。第三，把這個欲望的推力昇華爲一個造福他人的推動力。

然而，基於當時的知識，帝立克承認大部分同性戀者的性傾向是無法扭轉的，於是就產生了新的神學、倫理，與牧養關顧的問題。教會應該無奈接受這個可能是不治之症的事實，接受這是上帝的特別安排，要我們與之角力（甚至可以視之爲一個有待開發的才幹，參路加福音十九章 11 ～ 27 節十錠銀子的比喻）。於是，最棘手的問題接踵而至：教會可否容許這些無法改變的同性性傾向者把他們的性傾向化成行爲？有人認爲他們應該如不結婚的異性戀者一樣守獨身，帝立克不同意，因爲異性戀者的守獨身是個別人士的特別感召，而且當事人是以自由意志接受，所以「要求」所有同性戀者都過這種生活，並不符合這兩種元素。與其不近人情地堅持他們要守獨身，不如在牧養上體諒俯就這個破碎的世界，體諒俯就他們的實存境況，鼓勵他們在親密關係內發揮最大的倫理潛能，接受一個與異性戀關係一樣的規範。[30]

帝立克再語重心長地解釋，假如這些同性戀者得不到體諒，只會與教會日益疏離，在受排斥及缺乏支持下有些人恐怕會自暴自棄，陷溺於試探，淪於性濫交。再者，當他們知道他們沒可能達到他人的高要求，就寧願不讓人知道自己的性傾向。於是一個同性戀者就必須要戴面具做人，在親朋戚友面前僞裝，害怕給別人發現自己的眞我及因此而來的創傷。他們被丟進一個恆久的人生衝突中。[31]

帝立克除了是神學教授，也長期牧會；他這個情理兼備的神學討論，比以前單線譴責的神學論述，邁進一大步，筆者非常讚賞。 龔評 29

最後筆者想提出一點，西方教會歷代都有一個「七罪宗」（seven cardinal/capital sins）的靈修傳統：貪婪、淫佚、暴食、暴怒、妒嫉、傲慢、怠惰。這傳統從早期教父開始，歷經中世紀時期（如阿奎那），到近代天主教靈修學（如十字約翰〔St. John of the Cross〕），當代《天主教教理》（*Catechism of the Catholic Church*），甚至美國佈道家葛培理（Billy Graham），都有所繼承。他們認爲這七種罪是其他罪行的源頭（「宗」是源頭的意思），所以是更值得基督徒關注要克服的罪，而這七種罪都同樣嚴重，沒有程度之分。這樣看來，有些教會人士對同性戀特別敏感，是否眼光狹隘，焦點錯置？

B. 理性與理論

1. 先天？後天？

除了聖經和神學傳統，基督教倫理學的工作還得參考理性與經驗。

龔評 29

對於帝立克的建議，我會認為這是那些不贊同同性性行為必然是罪的人，可以對那些認為同性性行為必然是罪的人之俯就態度。也因此，那些不贊同同性性行為必然是罪的人仍要努力説服那些認為同性性行為必然是罪的人，並無需以那些認為同性性行為必然是罪的人之觀點作自我解釋。

羅的回應

明眼人應該看出，我介紹完巴特思想後再介紹帝立克的反思，是有苦心的。

反思同性戀課題，理性思考包括了自然科學、社會科學、同志人士及羣體的論說等。同性戀牽涉社會中小部分人的非主流行爲，自然科學（如精神醫學）傾向用「先天說」來理解，然而社會科學（如心理學、社會學）則傾向用「後天說」來解釋。這個 nature vs. nurture 的爭辯，長期以來在很多與人行爲有關的議題討論中一直沒有停止。

筆者最近與同校一位生物學教授一起任教一門有關生物科技的課，也學了一些遺傳基因學常識。有些人認爲如果能夠在人細胞核染色體中找到同性戀的基因，就是證明同性戀是天生的最好證據。可是，到目前爲止，科學家還找不到這個基因。不過，就算是找到這個遺傳基因，生物學科學家告訴我們，有某些狀況的遺傳基因（如異於常人的身高），就算存在也並不表示那個狀況百分百會出現，還要看後天環境（如飲食營養）。有某個基因，與這個基因表達出來成爲身體特徵，並非必然的。只要後天環境控制得好（如健康飲食、常做運動、避免接觸輻射），就是染色體中有某些遺傳病的基因，也不一定會發病。就算不幸發病，只要及時處理，也能藥到病除。換言之，用「基因決定論」來理解人的行爲，遺傳生物學家也會有保留。因此，就算同性戀傾向是在人的基因，這個傾向不一定非要表達不可；就算這個傾向表達了，也非必然不可控制。

同樣需要澄清的是，從倫理學的角度，天生的並不就是善或好的，這是中西方倫理學的共識。正如「存在並不表示合理」一樣。有些人生來就有生理上的缺陷或健康出現毛病，我們都不會因爲是與生俱來而必然視其爲善或好。同樣地，基督教神學歷來都肯定人天生就有犯罪的傾向，但從沒有因此鼓勵信徒理直氣壯去犯罪。

現在社會大眾都流行一個看法，認爲同性戀是天生的，不能改變的。在這裏筆者要指出一個鮮爲人知的同性戀者自白。1994 年 10 月 6 日下午，筆者獲香港大學邀請出席由學生事務處主辦的公民教育論壇，題目是同性戀。除了筆者（因爲我的專業是倫理學），還有港大法律學院的陳文敏博士，及一位來自「十分一會」的年輕男士。輪到這位男士發言時，他劈頭便說（大意）：「大家都以爲同性戀是天生的，是不是？我告訴你們，同性戀是後天形成的。我很肯定我是一個同性戀者，同時我也很肯定我的孿生哥哥是一個異性戀者，這說明同性戀傾向與異性戀傾向都不是天生的，而是後天社會建構而形成的。」這種來自同性戀者的坦白心聲，從來不在主流媒體出現，也許是政治策略吧。

其實同性戀後天說，在上世紀九十年代的香港一度流行，當時大力提倡「同志論」的周華山在其書中就指出：「過去二十年，西方同志理論一直深受後結構主義和解構論影響，堅持『反本質主義』的『反身分』立場，強調『同志』沒有任何先天本質。」[32] 周華山接受了當時流行的一種主張，認爲人天生下來都有雙性戀傾向，是後天的社會建構使很多人誤以爲自己只是異性戀者，而同性戀者則是反其道而行，把自己建構爲純同性戀者。他指這兩種想法都是社會產物：「『單一性向模式』創造一個黑白截然二分的穩定世界，提供一種片面及虛假的安全感……現實生活中的性向模式多元多向，流動詭變，較理論化的容量爲大。研究者卻在多元發展的性世界裏強加一個人爲規律。『異 vs. 同』二元論述各取所需地把雙性愛分類。直世界常說：你其實是直。基世界常說：你其實是基。雙方均選擇性地攝取自己所願意接收的資訊。」[33] 所以周華山在這本書中反覆強調人眞正的性取向其實是「奔放流動……多元多向，流動詭變……多元殊途……豐富多元……多元流動……情欲（取向）既不是隨時轉換的天天新款，也不是一次過可處理的凝固狀態，而是視乎不同階段、處境的多元流動而有所變易」。[34] 周華山坦言，在同志運動中，爲了政治需要，也許要強調同性性取向是天生不能改變的，但這只是策略的權宜之計，不要誤信爲眞理：

> 當代女同志主義所否定的，不是「女同志」這個身份，而是內在和諧穩定、毫無差異矛盾的單一化「身份」。女同志主義把「身份」政治化為顛覆異性愛霸權的策略。為著性（別）政治的理由，我們需要短暫、當下和策略性地運用「性（別）身份」，甚至必要時冒著犯本質主義之險，同時也必須不斷反思既有身份標籤所掩飾的差異：**「我們必須不斷利用身份，而又即時質疑這個身份。」**[35]（頁 188 ～ 189；文字的強調為筆者所加）

香港同志組織「女同學社」的網頁於 2010 年指出，從倫理學的角度來評價同性戀，根本不應該理會這個傾向是天生的還是養成的：

> 爭辯同性戀屬「先天」還是「後天」養成其實都是訴諸自然論的一種變奏。不論道德上贊成還是反對同性戀的陣營，都曾參與「先天」／「後天」的論述建構。贊成的希望憑藉「先天論」，為同性戀的存在提供合理性，並試圖說明它是人類性傾向中一個雖屬少數但正常的差異；反對者則強調「後天論」，假定同性戀是由於生長在破碎家庭或童年時有不愉快經歷所導致的心理異常。然而，這兩者說法都各有缺陷：「先天論」傾向把存在等同合理，預設了未經社會文化加工的人類特質比後天培養的在道德上佔優，而「後天論」則過分把社教化視為污染源頭(「先天」的異性戀傾向被後天因素扭曲)，無視有不少人類的人文素質，例如禮讓、誠實、尊重別人都是後天養成的。
>
> 可以說，雖然「先天論」和「後天論」表面上互相對立，但其實有著同樣未被檢視的假設：「先天的」比「後天的」更道德。它們的分歧只是在於究竟人類「天然」／「先天」的性傾向究竟如「先天論」所說的是多元並存，還是像「後天論」所相信的，所有人「本來」就只是異性戀，只是受到後天因素影響才出現異常。由此可見，「自然」還是價值判斷的標準，愈是「自然」的愈好，所以兩者都在爭奪對「自然」的詮釋權。有論者認為，同性戀的成因，不論是先天或後天又或是互為因果，對同性戀的道德判斷都是不相干的（irrelevant）。[36]

這段 2010 年的解說闡釋得非常清楚。無論是訴諸天生因素來爲同性戀辯護，或訴諸後天環境來指責同性戀是一種扭曲，都沒有必要，因爲我們對行爲的道德評價不應該建立在其發生成因這基礎上。人在宇宙中頂天立地，自我做主，人生無需接受跟從一個先天預設的秩序。[37] 因此，要過同性戀或異性戀生活，都無需堅持這個生活方式是在實現發揚天生固有的性傾向。這篇本土同志論述清楚宣告，要堅持同性性傾向是先天的，與我們的價值觀反省，根本是不相干的，沒有這個必要。

我們再以台灣最近的資料比較一下。在台北市政府民政局支持下，近年來每年都出版認識同志手冊，《2011 認識同志手冊》內有「同志小詞典」，非常值得我們參考。

> Q9：到底是基因缺陷、遭到性侵害、與異性交往受挫還是跟同志接觸被帶壞，才讓人變成跟同性交往？
>
> A9：科學界對於同志是先天還是後天形成，尚無定論。然而，喜歡一個人是自然而然的事情，上述原因並不必然決定一個人的性傾向是異、同或雙性戀，就像異性戀看到特定的異性對象會感到怦然心動一樣，同／雙性戀朋友也因為對特定對象怦然心動而逐漸確定自己的性傾向。[38]

與一些政治宣傳不一樣，這段文字首先承認科學並沒有證明同性性傾向是先天的。這段解說繼而告訴我們，既然無論是先天因素或後天環境，都「並不必然決定一個人的性傾向」；換言之，我們的性傾向並非外力導致的一成不變被決定的後果。性傾向是自由人的自主行爲，我們只需跟隨我們的感覺走，當我們對某一個特定對象有感覺，怦然心動，那就顯示我們的性傾向了。

> Q4：同性戀有沒有可能「變回」異性戀？
>
> A4：其實，一個人的生命中，可能有異性戀經驗，也有同性戀經驗，重要的是愛上的是「那個人」，而非她／他的性別，沒有哪一個是正軌，自然也就沒有所謂「變回」的問題。[39]

這段話清楚指出，「同志論」認爲我們的性傾向，沒有一個客觀的正軌，所以也沒有一個客觀的偏離。換言之，這段話指出我們的性傾向都是流動多元的。甚麼時候喜歡上同性，那就是正軌；在別的時候喜歡上異性，那也是正軌。因此沒有「變回」的問題。

> Q1：一個人真的可以喜歡男生，又喜歡女生嗎？
>
> A1：一般人常常會認為一個人不是異性戀就是同性戀，但人的情欲並非那麼僵固。對雙性戀來說，性別或許不是感情最主要的考量，而可能是對方的某些特質吸引了她／他。[40]

這段話再一次宣稱，人的情欲並非僵固，不能改變，因此也不應受到規範或壓抑。換言之，同志認爲我們應該讓人的情欲自由發展。

以上這些引用文字，是台北市政府民政局出版，社團法人同志諮詢熱線協會執行的，面對仍有疑慮的整體社會，所以遣詞用字會溫和一點。但這些文字已經清楚告訴我們，台灣的同志團體都已不再主張同性性傾向是天生，根深蒂固，不可更改的了！香港同志團體的主張似乎也差不多，除了女同學社，「跨性別資源中心」的出版物也有類似主張。[41]

西方的「同志研究」本來是採取「本質主義」或「實在論」來立論，

龔評 30

我個人認為先天與後天的討論沒有必然帶來我們對同性戀的道德性理解。反而我認為基本的問題是：同性戀的罪在哪裏？對個人、對家庭、對社會、對全球秩序等的破壞性影響在哪？

羅的回應

立人兄的回應讓我感到費解。本段的主題是「理性與理論」，我在這段落從沒有提到同性戀是罪，更加沒有指控同性戀「對個人、對家庭、對社會、對全球秩序等的破壞性影響」。再者，我有責任向讀者交代同性戀是先天還是後天的討論，特別是同志羣體的看法，以消除讀者以為同性戀者必然支持「同性戀天生説」這美麗誤會。讀者無需轉移焦點。

認爲人的性取向是有跨歷史文化的客觀事實爲基礎。但自傅柯（Michel Foucault） 於 1976 年出版了《性史》（*History of Sexuality*）之後，社會建構論便開始流行，認爲性取向是特定社會文化所建構出來，而非恆定永固的。[42] 在人文及社會科學學界的同志論，現在大抵都接納後者，[43] 但同性戀者自身及社會中人，現在還游離於「本質主義」與「社會建構論」之間。所以，在下文繼續討論時，筆者會把「自覺是固定的同性戀者」與「自覺是流動的同性戀者」加以劃分。當一個同性戀者確信自己的同性戀傾向是根深蒂固（不管是先天還是後天成因），堅定不能移，可以把他們稱爲「固定的同性戀者」（類近本質主義的主張）。同時，當一個同性戀者確信自己的性傾向是多元的，在不同階段及處境有所流動及變易，可以把他們稱爲「流動的同性戀者」（類近社會建構論的主張）。

2. 政治修辭：「同志」

用理性討論問題，其中一個重要任務，是要把事實弄清楚。很多基督徒以爲「同性戀者」與「同志」是同義詞，這是一個莫大的無知。

最早在香港推動同志討論的是周華山，他在九十年代一口氣出版了一系列討論同志的著作。就以 1995 年出版的《同志論》爲例，當時他已經說得很清楚，同志是政治顛覆者：

> 「同志」指自覺去顛覆主流異性愛價值文化的人；「同性愛」是純以性傾向（被）界定的個人身份。⋯⋯「同志」不是由性行為對象的性別來界定的，它是個人（性）身份的政治選擇，包括一切自覺地顛覆異性愛霸權，並以此作為性身份的人。故此，「同志國度」包容的不單是「同性愛者」，也包括「雙性愛同志」、「易服同志」、

> 「S/M同志」、「變性同志」⋯⋯甚至是「直同志」。「同志」此概念既包含獨特不同的性實踐（如雙性愛、S/M、易服、變性，甚至直），同時亦強調顛覆異性愛霸權的共性。[44]

因此，「同志」一詞沒有同義的英文字。在英語世界，常含蓄地用 LGBT（Lesbian, Gay, Bisexual, Transgender）來表達。香港的網上報紙《主場新聞》設有 LGBTQ（增加了酷兒〔Queer〕）專頁，推動同志運動的組織「還我本色」於 2012 年 5 月 17 日在銅鑼灣時代廣場的公共空間開設一個街頭討論會，其立場書的題目是「我們要平等公義的同志運動」，英文是 "We Want Equality & Justice for all in LGBTQI Movement"（又增加了 Intersex，雙性人）。可見，同志一詞的意涵正不斷擴大外延，包括的不同性傾向人士愈來愈多元。2008 年，台灣政府（不只是台北市）教育部也在同志組織鼓勵下，出版了一本《認識同志：教育資源手冊》，指導全台灣各級學校老師作正確教育，當中把同志的外延進一步擴大爲七種身分的人，即 LGBTSQQ：女同性戀者（Lesbian）、男同性戀者（Gay）、雙性戀者（Bisexual）、跨性別者（Transgender）、直同志（Tonzhi-friendly Straight）、酷兒（Queer），以及不確定自己性傾向或不需要明確性別定位人士（Questioning）。[45]

有足夠證據顯示，同志運動是在推動一個更大規模的性革命。台灣《認識同志：教育資源手冊》這樣含蓄地寫：「愛戀與情欲在同志文化中具有相當的影響，同志間對於情欲也有不同看法，例如有些同志伴侶間會協議在伴侶關係之外容許跟他人發生性關係，將性需求與情感需求分開來滿足。」[46] 換言之，就是要把性與愛分家。因此，有些同志可以理直氣壯地性濫交，而要求社會不要批評他們。

除了同志一詞外，香港近年也流行另一個說法「性小眾」，其中包括的人就更廣泛了。女同學社得到香港政府政制及內地事務局性傾向及性別認同小組的平等機會（性傾向）資助計劃的資助，於2010年出版了《通色．通性——性傾向及性別身分認同通識教材》，其中在〈性小眾〉一文中，他／她們自己詳細交代這個詞的用法：

> 性小眾所涵蓋的人很多，可以是同性戀者、跨代戀者（可以是戀老、戀童、戀青少年）、性工作者、嫖客、有婚外情的人、用情不專的人、色情工業從業員、皮繩愉虐愛好者（BDSM，俗稱性虐待〔SM〕……）以及家人戀（一般稱為亂倫）等。這些性都因為跨越了性別（主流社會認為異性戀才是好的）、年齡（主流社會認為同代或年齡相近才是正常的）、對象（主流社會認為性對象不可以是自己的家人）、地點（主流社會認為在私人地方進行性行為才是合法的）等標準而被排斥，甚至懲罰。[47]

隱藏在性小眾論述中的一個重要主張，就是小眾受大眾所欺壓，要推翻這種欺壓，就必須推翻社會中所有陳舊的性道德。[48] 所以，對於同志羣體而言，同志、不同性傾向者，以及性小眾都是非常有彈性的用語，退可守，進可攻。退的時候，就只是指同性戀者；攻的時候，則包括一個五花八門的情欲世界好此道者。[49]

筆者只希望讀者不要再天真，以爲同志與同性戀者是同一回事。目前的情形是同志一詞在使用上有歧義，有些同性戀者很單純地以爲「同志」只是對同性戀者一個比較文雅的稱呼，然而卻不知道同志一詞之被提倡，是背負著一個要顛覆社會主流性價值觀，發動一場性文化大革命的任務。筆者相信，很多同性戀者並非同志運動活躍分子，所以我們對同運的評論要小心，不致殃及池魚。對於廣義的「同志」，教會要警惕；對於狹義的「同志」，教會要有更多慈愛的牧養心腸。再者，如前面所述，狹義的「同志」，可以作「固定的同性戀者」與「流動的同性戀者」之區分。對於後者，教會尤其要小心關顧。對他們的愛心關

龔評 31

我對秉祥兄所講的，廣義的同志運動有一定保留。又對於秉祥兄批評教會對同志捆綁式的理解，表示認同。

羅的回應

我在上文對同志運動的分析有大批文獻依據，立人兄的評論只是輕描淡寫說「有一定保留」，而沒有提出任何異議的依據。

顧足夠，可以使他們的情欲生活不再流浪，定下來過異性戀生活。相反，若教會的門對他們關上，支援他們的人不足，他們便隨波逐流，性傾向不斷活潑流動，遊走及硬闖社會主流性價值觀的每一個禁區，成爲一個廣義的「同志」。

C. 經驗經歷

筆者必須承認，在這方面筆者與同性戀者接觸不太多，所以沒有很豐富的經驗經歷。但就我閱讀所得，及與一些對同性戀基督徒有牧養經驗的牧者談論所得而言，兩種不同的經驗經歷都有。一方面，有些過著同性戀生活的基督徒對上帝敬虔，熱心事奉，有事奉教會恩賜及果效，生活有神同在的標記。另一方面，有些同樣敬虔的同性戀基督徒覺得順著這個性傾向在情欲上順水推舟，是對神委身服事的障礙。再者，一方面，有些基督徒多年後「出櫃」，自白以前勉強過異性婚姻生活多難受。另一方面，有些「後同志」也道出如何克服同性戀文化，擺脫這種上帝不喜悅的生活方式。

筆者認爲，當正反雙方仍然在激烈爭辯的時候，應該冷靜，保持一種發於內心的聆聽態度。不贊成同性戀生活的人需要虛心聆聽更多同性戀者有血有肉的故事（如繆偉〔Mel White〕），[50] 努力理解他們的掙扎與痛苦，感同身受。贊成同性戀生活的人也需要虛心聆聽一些「後同志」的故事（如袁幼軒），[51] 不要把他們標籤爲叛徒而拒絕聆聽。

龔評 32

經驗只可能是被解讀，還是它也可以是一個對聖經和傳統很重要的批判？按秉祥兄引用海斯的觀點，他已接受海斯教授認為「經驗一定要被視為閱讀新約聖經的詮釋鏡子，但不能成為獨立反對的權威」。

羅的回應

立人兄在對拙文的評論中，一直主張以人類經驗批判聖經，所以他讚揚婦女神學對聖經中父權意識的批判，把聖經中要求人類停止同性性行為的經文都以父權意識之名而置之不理。這種神學方法有嚴重後果。（1）以人類經驗批判聖經，是反宗教的非基督徒家常便飯的手法。用這種方式來做神學，便以人類經驗為絕對依據（所以在下一個評論中立人兄聲明「我不會以聖經作為最絕對的依據」），如立人兄所推崇的婦女神學，便以婦女受男性欺壓這經驗為絕對依據，帶來的結果，除了之前所述，推翻傳統三位一體論、基督論、提倡女神，還對聖經採取呼之來、揮之去的立場，修改聖經正典。著名婦女神學家費許妮莎（Elizabeth Schüssler Fiorenza）提倡聖經正典經文凡是有利婦女解放，都可以留下來；大部分聖經正典都是父權意識的產物，對婦女造成嚴重欺壓，都要刪除，取而代之的是古代世界由女人所寫並且肯定女性充分價值的非基督教著作（參 *Dictionary of Feminist Theologies* 一書中 Canon 條目；蘿特〔Rosemary Radford Ruether〕甚至主張要加入近人著作到聖經正典中）。同理，我們若以同性性愛經驗為絕對依據，聖經中所有禁止同性性行為的經文都違反他們的經驗，都成為聖經中的廢話，可以剔除，並可以古希臘羅馬推崇同性性行為的著作取而代之。（2）我認為立人兄誇大了人類經驗在基督教倫理學中的重要性，正確的關係應該是人類經驗與人對聖經詮釋（不是聖經本身）互相批判。沒錯，人類經驗可以衝擊我們一些根深蒂固但錯誤的聖經詮釋，迫使教會重新檢討。在歷史中，無論是支持奴隸制度，或支持女性在生活各方面要服從男性的這些聖經詮釋，後來都受到人類普遍道德經驗的挑戰，促使教會自我檢討，承認在聖經中也找到堅定的反對奴隸制度及支持男女平等夥伴關係的教導，因而修改了以前的聖經詮釋。可是，另一方面，我們對聖經的詮釋也批判人類的經驗，如天主教及基督教

D. 倫理反思總結

聖經對同性性行爲的負面評價是清晰一致的，教會傳統雖然一方面承接聖經教導，但有些言論頗爲過火偏激。至於理性，如果在與聖經世界觀一致的脈絡中運作，也可以推論出同性戀生活令人感到遺憾，並非人倫之正軌。惟獨經驗經歷，是可以找到比較多支持同性戀的依據。然而，筆者接受的基督教倫理學方法，是以聖經爲主要依據；傳統、理性、及經驗經歷，只是次要。

襲評 33

因此，教會在教導上應維持聖經標準，不妥協，承認同性性行爲是罪的一種。在牧養關顧上，教會要俯就人的軟弱，按照個案的不同，可以讓一部分敬虔的基督徒維持過同性戀生活。對這些特別的個案，我們可以有一個非常規的道德判斷：錯而可諒解。

二十多年前，劉達芳博士在討論教會如何面對離婚與再婚時，已作出很好的示範。一方面，教會在教導上應堅持離婚行爲本身是一個罪（除了耶穌及保羅指出的一些例外情形）；另一方面，在牧養關顧離婚的弟兄姊妹時，教會可以按不同婚姻狀況有四個不同的道德判斷：該定罪的、可原諒的、可理解的、可接納的。同樣地，對於離婚後的再婚，也可以有四種不同的道德判斷：一連串的淫蕩行爲、神俯就人的軟弱、神復建的工作、新生命的表現。[52]

十多年前，筆者也指出，就人生活各方面而言，道德判斷都是選擇題，而不是是非題。簡言之，可以有一下六樣選擇：[53]

來到中國後，都基於聖經詮釋，批判了中國人一妻多妾這根深蒂固的生活經驗。同理，美國的袁幼軒以其同性戀者生活經驗讀聖經，一方面接受聖經對同性性行為的批判，另一方面也批判了同性戀者必須變成異性戀者，與異性結婚才得上帝喜悅這種聖經詮釋；他發現聖經對所有人的要求是過聖潔生活，而不是過異性婚姻生活。

龔評 33

基本上，這是我跟秉祥兄不同的地方。在處境神學下，我不會以聖經作為最絕對的依據，因為這會容易合理化聖經中不公義的教導，並失去批判力。雖是如此，但聖經是基督教倫理反省的重要資源。處境神學強調人類經驗對神學反省的重要性，尤其是受壓迫的經驗。處境神學不只是一種對基督教信仰的詮釋，更是一種對上主的體驗和認識。因所有神學都是處境的，所以，所有神學都要意識其處境，小心不要將某一神學傳統（包括聖經詮釋）看為絕對和普世。

羅的回應

沒錯，以上這兩段文字反映出我們兩個不同的神學方法論。神學方法不同，出來的結果就可以迥異；所以需要多費唇舌解釋。（1）我非常同意要從事處境神學，我也一直在默默從事中華文化及儒學處境的神學，但處境神學並不需要貶低聖經的絕對地位。（2）詮釋聖經中一些具體生活教導，也要注意這些教導的原初處境性。若這些具體教導預設了某些文化時空習俗，我們就不能照搬到其他文化習俗去，例如姊妹在聚會中講道或祈禱必須蒙頭（哥林多前書十一章 2 ～ 16 節）；耶穌基督的跟隨者必須彼此洗腳（約翰福音十三章 14 ～ 15 節）；信徒聚集，不分男女、已婚未婚，都一律要彼此親嘴問安（羅馬書十六章 16 節；哥林多前書十六章 20 節；哥林多後書十三章 12 節；帖撒羅尼迦前書五章 26 節；彼得前書五章 14 節）。這樣，對於一些在聖經中表面看來是不公義的教導（如姊妹才需要蒙頭，弟兄卻不需要）透過社會處境分析，就可以明

1. 對
2. 錯
3. 可允許（非對也非錯）
4. 超義務
5. 對而悲愴
6. 錯而可諒解

「對而悲愴」及「錯而可諒解」這兩個判斷之所以會出現，就是因爲人的道德生活中有灰色地帶，也就是帝立克所說的「灰色地帶」（borderline situations）。

龔評 34

「錯而可諒解」這個判斷的出現，很多時候是因爲當事人的「削弱責任」，也就是說當事人做了不折不扣的錯事，可是因爲一些特別因素，對於這錯誤的行動他只需負較少的責任。筆者認爲，設若某人的同性戀行爲是因爲其傾向是根深蒂固無法更改（無論是先天或後天），教會可以用錯而可諒解的態度來對待他 / 她。至於那些因不同因素，以自由意志接受同性戀生活（正如異性戀者以自由意志接受婚外情欲關係），這種行爲就是錯的。

E. 餘論：
教會仍然引用聖經抗拒同性戀是否頑固地重蹈覆轍？

1. 前車之鑑？

有些基督徒想盡辦法對新約聖經有關同性性親密的經文提出新詮釋，背後是源自一種焦慮。在教會歷史中，一些例子顯示時代在進白我們今天不需依樣畫葫蘆。史域尼的《奴隸制度、安息日、戰爭、與女性：聖經詮釋個案研究》這本重要著作，就是透過上述四個議題的詮釋歷史教訓，提煉出一套敏感度高的聖經詮釋學，免致今天教會在討論社會議題時重蹈覆轍。因此，我完全同意立人兄提出我們要對不公義之事的警覺性，但這個警覺性並非透過以理性批判「聖經中不公義的教導」來建立，而是透過嚴謹的詮釋聖經方法，自我警覺不要受任何意識形態所俘虜。

龔評 34

若這是對反對同性戀者一種俯就態度，我願意接受。但若這是強化他們對同性戀定罪的態度，我就不能接受了。八年前，我以「寬容是一種德性」為題曾寫道：

寬容暗示，雖然甲方對乙方的行為持負面的立場或乙方的行為就是錯誤，而甲方又有權力阻止乙方的行為，但甲方願意克制其權力，選擇不去阻止乙方的行為，讓乙方繼續有其生活。甲方之願意寬容可以基於政治或個人利益考慮。在這種原因底下，寬容並不是一種德性，而是一種手段。然而，若寬容是因寬容者對人自主的尊重、對和平的投入（不選擇暴力）、對仁慈的嚮往和對自己的判斷謙卑時，寬容便是德性……。

德性的寬容並不需要在完全界定誰是有權者和弱勢者下才可以實踐，反而是一種彼此相處的德性。縱使同性戀者並不認同反對者的立場，同性戀者是否可以對他們寬容，以尊重的態度來看待他們的立場；同樣，反對者是否也可以對同性戀者寬容，不製造敵視氣氛……然而，我們要留意一種虛偽的寬容。

第一，虛偽的寬容是透過寬容加強寬容者所建構的論述，並藉寬容將反對者進一步邊緣化。例如，當寬容者以高姿態強調要對同性戀者寬容時，他的行動也同時不斷強化同性戀的錯誤，因為只有錯誤者才需要被寬容。結果是，被寬容者進一步被標籤。

步中，社會願意改變長久以來的成見（如廢除奴隸制度，接受男女平等），但有些教會人士依舊援用老掉牙的解經方法，抵制這些社會進步，堅持聖經支持奴隸制度、聖經教導女性要服從男性等。這些有憂患意識的基督徒擔心歷史重演，擔心以傳統方式理解聖經對同性戀的教導，會墮入抱殘守缺的愚昧，成爲日後歷史的笑柄。

筆者非常明白這種焦慮。筆者這幾年在大學中任教「基督宗教與文明導論」，深明在歐洲歷史中，天主教與基督教有時候是文明進步的助力，也有時候卻是阻力。但經過仔細思考，筆者認爲聖經對同性戀議題，與以前的聖經與奴隸制度及男尊女卑等議題的關係顯著不同。

先從聖經詮釋的反省開始。美國門諾會神學院聖經學者史域尼在《奴隸制度、安息日、戰爭、與女性：聖經詮釋個案研究》（*Slavery, Sabbath, War, and Women: Case Issues in Biblical Interpretation*）一書中，[54] 仔細檢查昔日教會在這四個議題上如何爭辯，評估雙方如何各自引用聖經支持自己的立場。他在書中用辯論的形式，讓正反雙方在每一個議題都高舉聖經來雄辯，之後作者更提供一個詮釋學的評論（Hermeneutical Commentary），讓大家學習一些歷史教訓，反思現在我們該如何更好詮釋聖經，而且在第五章做了一個非常詳盡的總結。限於篇幅，筆者只引用他對奴隸制度及兩性關係辯論後其中一半的提醒原則，[55] 並應用在這個有關同性戀的聖經詮釋中。

1. 不停留在文字字面意思，而要透過當時的歷史文化脈絡來理解這些經文的原初意義，讓聖經自己的聲音能發出。（筆者在上文第一部分已在這方面作出努力。）
2. 讀整本聖經，注意其中的差異與多樣，不應以偏概全，但也當注重其虛偽的寬容不存在聆聽，沒有對話，也沒有自省。

第二，虛偽的寬容是一種以寬容者的視野為主，而非考慮被寬容者是否有足夠條件去表達他們對事物與生活的想望，及有將之與他人交流分嘗的機會。例如，有寬容者接受（或支持）同性戀非刑事化，並不是因為他們希望被寬容者可以有更好的條件生活和參與社會，而是因為他們認為這廢除並沒有影響他們的生活。當他們的生活受到影響時，寬容者就不再寬容了。虛偽的寬容就是從自己的角度出發，而不是從被寬容者的角度出發。

第三，虛偽的寬容是一種不徹底反省社會建構，而只處理表面形式。例如，當寬容就等於容許同性戀者可以同樣有異性戀者的權利，而不批判異性戀者的權利意識時，寬容只不過以寬容為名進行一種意識形態的洗腦活動。因為被寬容者容許參與寬容者的生活形態，而不是讓被寬容者有他自己的生活形態。

羅的回應

立人兄這段長篇文字似乎是闡述發揮他個人見解多於評論我的論述。「錯而可諒解」的道德判斷，是減輕犯錯人要承擔的責任，與寬容是兩回事。限於篇幅，於此不贅。

中心信息，不應見樹不見林。（與奴隸制度及男女關係不同，在同性戀及同性性行爲的議題上，聖經中找不到任何差異表達。聖經整體的道德信息之一是彼此相愛，贊成同性戀的人可以據此要求教會的異性戀者完全接受同性戀者；但反方可以回答，他們之所以反對基督徒有同性性行爲是「愛之深，責之切」，也是以彼此相愛原則爲依據。）

3. 應該要辨認及阻止試圖使個人觀點合理化的聖經詮釋。（的確如此，異性戀者斥責同性戀是罪是很容易及自我安全的，因爲這個罪是他們絕對不會犯的。所以，每一次異性戀者斥責同性戀及同性性行爲時，都有可能是法利賽人式的自以爲義，必須慎重。聖經譴責的罪有如此多，我們對上帝的話語也應公平一點。）
4. 覺察有沒有某些意識形態在左右我們對聖經的詮釋。（不贊成同性戀的人可以自我檢討一下有沒有「恐同」或自我優越感？贊成同性戀的人也可以反思一下有沒有與新興的同志運動議程保持距離。）
5. 讓聖經信息挑戰我們的意識形態。詮釋聖經時應該讓聖經如一扇窗戶，讓我們看到一己之外的世界，而不是讓聖經如一面鏡子，如實反映出自己的想法。仔細聆聽聖經，應該能聽到一些不是我們個人喜好、叫我們舒服的話，甚至會是我們很不喜歡聽、害怕聽的話；這樣，聖經的信息，就可以突破我們的意識形態。（寫作這篇文章的過程中，筆者不是揮筆直書，因爲在仔細閱讀大量討論聖經與同性戀的文獻時，正反雙方的著作都要讀，內心也有頗多掙扎與沉思。筆者不敢自稱對聖經的詮釋已完全突破意識形態的左右，但希望透過這本書的對話，讓自己保持警覺。）

我們需要反省普世教會現在對同性戀有激烈的分歧，與以前的廢除

龔評 35

聖經包括人的經驗，這是鐵一般事實。所以，我不認為聖經與人的經驗是對立的，反而是要相互批判。我對於聖經沒有直接支持同性戀並不感到奇怪，因為這不是猶太人的文化觀。思考同性戀課題，不是如秉祥兄所說，只「引用的主要是愛人如己的一般道德原則」，反而如我在上面曾引用奧古斯丁的觀點，愛的靈是詮釋聖經最基本的原則。

羅的回應

聖經與人的經驗是否對立，視乎甚麼經驗。我同意立人兄這個相互批判原則，但準確一點，應表達為「教會對聖經的詮釋與人的經驗要相互批判」。然而，當立人兄堅持聖經的道德觀只不過是猶太人文化而已，這些古老猶太人書籍又有何資格批判當代人的經驗？舉一例。在上文討論當代理性與理論時，我指出，香港同志團體女同學社在其網頁中介紹「性小眾」的涵義，包括了「同性戀者、跨代戀者（可以是戀老、戀童、戀青少年）、性工作者、嫖客、有婚外情的人、用情不專的人、色情工業從業員、皮繩愉虐愛好者（BDSM，俗稱性虐待〔SM〕等）以及家人戀（一般稱為亂倫）等」，而且語帶委屈訴說這些人「被排斥，甚至懲罰」。同時，保羅在哥林多前書六章 9 ～ 11 節說：「你們豈不知不義的人不能承受神的國嗎？無論是淫亂的、拜偶像的、姦淫的、作孌童的、親男色的……」立人兄若立場一致，保羅的道德教導只反映古老猶太人文化而已，所以應接受以當代香港性小眾的經驗來批判，那就是說聖經反對淫亂及姦淫都與現代人無關，可以不理。我立場不一樣，接受聖經是教會及基督徒生活最高準則，可以用保羅這段話來批判當代香港性小眾的經驗。

關於奧古斯丁的觀點，上文我已詳盡澄清，於此不贅。

奴隸制度爭論，支持男女平等爭論，是否有相似的地方？反對同性戀的基督徒，是否頑固、守舊、阻礙社會進步，如同昔日以聖經來堅持奴隸制度，反對男女平等的基督徒一樣，會被歷史恥笑？[56] 筆者再三思量，認為不是。第一，奴隸制度，及男女關係在聖經中有大量相關經文，「肯定制度派」固然找到很多經文來支持其悠久的傳統，「改變制度派」也找到很多經文要求改變。可是在同性戀議題上，「肯定制度派」能引經據典，雖然直接談及同性性傾向的完全沒有，但有少量直接譴責同性性行為的經文；而且聖經中男女夫妻制度的設定無處不在，連神人關係也用夫妻比喻表達。可是，「改變制度派」完全沒有能引用作為直接支持同性親密的經文，能引用的主要是愛人如己的一般道德原則。[57] 他們對聖經的討論，主要是想辦法重新詮釋聖經譴責同性性行為的經文，比較處於被動。他們只能說聖經對同性戀性傾向是沉默的，而不能引經據典說聖經贊成同性戀。[58] 事實上，「改變制度派」立論的主要依據是人的經驗經歷，而不是聖經。

第二、史域尼對這個阻礙社會進步的焦慮也非常熟悉，因為他對於歷史上教會在四個議題上如何爭辯，如何各自引用聖經支持自己的立場有非常深入的研究。作為門諾會人（Mennonite），也就是不滿意馬丁路德、慈雲理（Huldrych Zwingli）、加爾文等主流教會領袖的異議分子後人，他不會輕易接受主流教會的「共識」，而事事都要回到聖經。換言之，他對教會在詮釋聖經上的盲點有高度自覺，他深明在教會歷史中聖經的觀點多次被當時的文化保守派所同化，不自覺地把社會的傳統主張等同聖經的立場。二十年後，於 2003 年他又寫了一本討論同性戀的小書，其中只能承認聖經眾多經文是一致反對一切同

龔評 36

秉祥兄引論「聖經中從沒有討論過我們現在所理解的同性或異性性傾向這問題，因此就此而言有詮釋空間」，但他的結論是不支持同性戀。反而我認為秉祥兄應多開拓有「詮釋空間」的空間。此外，我不認為支持同性戀就是相對地不尊重聖經權威。這在於我們如何理解聖經跟倫理的關係，而我在上面已交代了。

羅的回應

對於這個詮釋空間的開拓，部分在下一單元（教會生活與牧養關顧）內有討論。關於聖經權威的討論，見上文的回應。

性之間的性行為。（當然，他也承認，聖經中從沒有討論過我們現在所理解的同性或異性性傾向這問題，因此就此而言有詮釋空間）。[59] 換言之，與以前對奴隸制度、男女關係的爭論不同，「改變制度派」能引用支持同性戀的經文極少。因此，同性戀議題的「改變制度派」與以前對奴隸制度、男女關係的「改變制度派」在尊重聖經權威上不可相提並論。[60]

2. 教會的「他性」

人類社會變遷過程中常出現兩極思維：（1）極端文化保守主義。堅守舊文化及舊社會制度，對新制度或新秩序恐懼與抗拒，寸步不讓地維護現狀（尤其是牽涉既得利益）；（2）激烈改革派。引進前衛思想文化，徹底推翻拆毀舊制度，建立社會新秩序。就如中華民國初年，中國正經歷前所未有翻天覆地的改變，保守人士為國家焦慮，覺得社會轉變太快，要求恢復舊秩序，如1917年康有為等人支持張勛復辟清帝。另一邊廂，有些人覺得社會轉變仍是太慢，守舊阻力太強，1919 年開始的新文化運動健將胡適等人提出打倒孔家店，全盤西化。教會歷史中也有類似的兩極思維。

在全球化的浪潮中，華人社會也積極思考是否要跟從某些西方國家的模式，讓同性戀者及其他「同志」完全融入社會，讓他們的生活方式常態化，讓有關性、家庭，與婚姻的價值觀徹底多元化。面對這個社會變遷，華人教會該如何取捨？從「改變制度派」的角度看，教會應該與時俱進，不能墨守成規，免致成爲社會的笑柄。從「肯定制度派」視野，他們擔心教會會隨波逐流，迷失方向，因此應該有所堅持，成爲社會的中流砥柱。筆者認爲，教會不應在這兩極中慣性地偏向任何一極。在守舊與立新這取捨中，教會既不應養成習慣跟隨社會守舊而守舊，或立新而立新，關鍵還是教會要認眞思考，這些舊與新是否有充分的聖經、神學與倫理學依據。

教會要有勇氣獨立思考，一方面，要有勇氣擺脫僵化思維，跳出不 龔評 37
値得堅持的傳統（耶穌所說的「人的傳統」），不斷更新改革；另一方面，要有勇氣拒絕讓社會潮流牽著鼻子走（保羅說的「不要效法世界」），堅持教會價值觀的自主性。這個社會與世界，一方面有人類墮落後（*post-lapsum*）的亂序，另一方面有上帝護理的恩典（providence）。所以，教會對一些社會議題的價值觀，既需要參考社會的核心價值觀，但不應全盤接收。作爲基督身體的教會，在這個社會中，在世而不屬世，應保持其「他性」（otherness），但又與社會同行。

因此，教會不應爲了害怕被社會的「改變制度派」恥笑爲落伍，而 龔評 38

趕快跳上支持 「同志」這個時尚浪潮快車（bandwagon）。與此同時，教會既要擇善固執，也要擺脫歷史傳統對同性戀者過多的譴責，在牧養關顧與社會議題方面善用很多可以改善的空間。

龔評 37

為何同性戀不可能是基督教價值？為何反對同性戀就是表達基督教價值？這又回到本文的基本討論上。教會的他性不是因反對同性戀而呈現，而是來自上主藉創造、復和與救贖、新創造而表達的愛。參考拙文對這方面的詮釋。

羅的回應

立人兄與我都同意教會應保持其他性。我們的原則相同，但判斷各異，只能各自保留不同意見了。

龔評 38

支持同性戀的教會不是害怕被恥笑，而是嘗試忠於其信仰。

羅的回應

我相信立人兄及有些基督徒支持同性戀是出自忠於信仰，但有些信徒及教牧的確感受到社會給他們的恥笑壓力，特別是來自香港很多媒體。

三
教會生活與牧養關顧

對教會來說，這個課題是最貼身，所以也是最具爭議性的，但教會不能再逃避反思這個問題，不能再用一個因循的心態來維持自己的安舒區。《聖經》馬太福音說：「耶穌看見眾人，就對他們動了憐憫之心，因爲他們困苦流離，像羊沒有牧人那樣。」（太九章36節）。今天的教會也要有耶穌的憐憫之心，來反思對同性戀者的牧養問題。

A. 四個類型

美國學者尼爾遜（James B. Nelson）多年前整合了當代神學家對同性戀者的回應，劃分成四個類型，可以幫助我們作一個整體的分辨。[61] 筆者先把這個四分法類型用在教會生活中，作簡單說明，然後再討論一些具體的教會生活與教牧關顧的議題。這四個類型可以說是教會對同性戀基督徒從最嚴厲到最開放的四種態度。

1. 拒絕及懲罰

這個立場在古代歐洲教會非常普遍。今天，這個立場的餘風猶在，例如用尖銳的言辭作口誅筆伐，對同性戀者有強烈情緒性排斥，視同性戀爲人類最嚴重的罪，犯者一定下地獄；這種激烈的言辭在香港某些大型網上討論區常常出現。很不幸，當代還有少數教會中人，尤其是年長一點的，抱著這種偏激的態度。如果有同性戀者出現在這些教會，就會被要求接受治療及改變，否則得接受紀律處分，甚至要離開教會。這個立場不但不接受同性戀愛及性行為，連同性性傾向也不容許存在，必須更改。

2. 拒絕但不懲罰

這個類型的立場仍堅定以聖經及神學為基礎反對同性戀行為，認為此行為是罪，然而他們會說「我們恨惡罪，但愛罪人」。這個立場會盡量避免說一些侮辱性言辭，但期望同性戀者可以改變成為異性戀者。無法改變的，可容許他們的同性性傾向，但會要求他們守獨身，不能有任何同性性行為。若他們能約束自己的情欲傾向，不做任何愛與欲的行為，他們可以參與正常的教會生活。這個立場可以接受同性戀傾向者，但仍拒絕同性戀行為者。

3. 有限度接納

這個類型的立場在神學和道德評價上與第二種立場一樣，認為同性戀生活方式不是上帝的心意，是一種罪；罪就是罪，無需作嚴重或不嚴重之分，這是按行為本身而言。但他們願意體諒人的有限和軟弱，明白牧養關顧的對象是有血有肉的人，要求很想戀愛的人不准談戀愛，並不是人人都必能做到的。若某弟兄或姊妹經過多番努力仍沒法做到，教會可以接納他／她為一個特殊個案，當事人處於一個悲愴的境況中，與其用紀律制裁他們（等於間接地請他們離開教會），不如要求他們盡可能過一個道德及負責任的戀愛及性生活（譬如追求的必須是長久、彼此尊重、委身及彼此忠貞的關係）。正如美國福樂神學院已故的倫理學教授史密德（Lewis B. Smedes）所解釋，「為同性戀生活建立道德規範，並不代表接納同性戀行為在道德上是值得贊同的，此舉只是認為與其任由他們過一個混亂的性生活，不如協助他們在一個令人哀歎的處境中建立最適宜的道德生活。」[62] 上文提到的德國神學家帝立克持相同的立場。[63]

4. 充分接納

這個立場認為異性或同性性傾向皆是上帝所造，教會完全肯定同性性傾向也是出於上帝創造的恩典，教會對成員的道德要求只有一個標準，不問性傾向，無分彼此。所以同性戀者可以在教會舉行婚禮、參與各項教會事奉、被按立為牧師，甚至主教或更高的職位。香港的基恩之家、眾樂教會、台灣的同光同志長老教會都屬這個類型。

B. 具體的教會生活議題

以下筆者討論的焦點是狹義的「同志」，而且是固定（而非流動）的同性戀者。廣義的「同志」自稱是一個情欲道德的顛覆者，視教會為顛覆對象之一，所以彼此難以共融。沒錯，同志運動主張人的解放，新約聖經也宣告人得解放，但彼此主張的解放內涵很不同。同志運動主張的是人從社會性生活規範中得解放，目的是要得到多元無序的性生活自由。聖經的信息是人從罪的枷鎖中得解放，以獲得基督生命及以基督為生活典範的有序自由。至於流動的同性戀者，由於他們應有充分能力過異性戀生活，所以教會對他們的關顧牧養，目標可以定在引導他們結束情欲流蕩，固定下來過異性戀生活。最棘手的問題，倒是如何牧養固定的同性戀傾向者（根深蒂固、屢改皆不成功）。

以下這些教會生活的具體議題可以有很多討論空間，不同的教會及牧者可以有不同的領受。筆者會先介紹海斯教授在《基督教新約倫理學》第十六章的反思，及提出一些跟進討論。[64]

1. 同性戀者可否接受水禮加入教會？

同性戀者可否成爲教會的成員？海斯教授認爲這個問題問得很奇怪。我們有試過問貪婪、嫉妒、自誇、無親情、不憐憫人的人，能否成爲教會的成員嗎？當然可以！但是這些罪行，與同性性行爲一樣，都是在羅馬書第一章受到譴責的（羅一章 29 ～ 31 節），那爲何針對同性戀多此一問呢？教會是無罪、品德完美人的羣體嗎？還是一個「相信稱罪人爲義的上帝」的羣體（羅四章 5 節）？海斯教授堅定地宣稱：若教會不歡迎同性戀傾向者，我會與他們一起離開，把教堂大堂讓給這些自以爲有權

龔評 39

秉祥兄在這裏的討論是基於他認為同性性行為是罪，但因我不認同他的前設，所以，我無需進入以下的討論。簡單來説，他的提問不是我的問題。

羅的回應

但在下文我也討論到同性戀基督徒要過成聖生活，難道立人兄認為這個討論也沒有必要嗎？

可以先扔石頭的基督徒！

在牧養工作上，教會應挑戰自我認定是同性戀者的基督徒重新去塑造他們的身分認同，使之與福音符合。我們應以「在基督裏」的人，而不是同志，來作爲我們的身分認同。此外，教會中負責教導及講道的教牧同工，生活上應該持守聖經的標準。

海斯教授沒有直接討論水禮的問題，筆者補充一點意見。大部分華人教會對「信徒水禮」（有別於嬰兒洗禮）的要求門檻比較低，只要是信靠耶穌基督重生得救的人，都可以接受水禮。對於如何才算「重生」，通常沒有一個嚴苛的品質管制。教會不會要求想接受水禮的人，必須先擺脫所有的罪。而且教會一般都不會要求想接受水禮的人詳細交代他 / 她的性生活，所以就是明知想接受水禮的人是同性戀者，也應一視同仁，不必向他 / 她特別挑剔及諸多留難。教會可以要求希望接受水禮的基督徒立志更新自己的德行，但沒有必要只針對同性戀作特別審查。當然，對於任何接受水禮之後的基督徒，教會都會勉勵他們不能停留在稱義的階段，還要追求過全面的聖潔生活。然而，言教不如身教，教導別人過聖潔生活，必須從嚴以律己開始，否則便是僞善。

2. 同性戀基督徒是否該期望一定可以改變自己的性傾向？

海斯教授從新約聖經神學「既已然也未然」（already but not yet）的末世論視野來處理這個非常棘手的問題。一方面，我們看到有些同性戀傾向的人被聖靈轉化爲異性戀者（神國已經降臨）；另一方面，有些有同性戀傾向的基督徒（如海斯教授的好朋友 Gary）仍在掙扎，多年來祈求得醫治而尚未成功（神國尚未完全降臨）。Gary 能做到的，是感到耶穌把他的重擔挪開，他並沒有改變成為異性戀傾向，但他可以自律約束，自願放棄性行為。

3. 同性戀傾向的基督徒可否繼續有同性戀行為？是否要紀律處分？

海斯教授認為基督徒繼續參與同性性行為是不合適的。那個惟一有權向罪人扔石頭的耶穌，既有憐憫，但也責令：「走吧，從現在起不要再犯罪了」（約翰福音八章 11 節）。同性戀基督徒不宜繼續有同性性行為，與異性戀基督徒不宜繼續姦淫，是同一樣要求，都是要約束不恰當的性欲。可是，當教會對異性戀基督徒的不恰當性欲缺乏清晰嚴厲教導，則其反對同性性行為的響亮聲音便顯得偏頗及帶有偏見。再者，若教會要紀律處分，清理門戶，應該從一些更重要的事開始，如物質主義、支持暴力（海斯對於那些美國基督徒支持政府在全球各地採取軍事行動非常不滿）。

筆者的領受是，教會對會友的紀律處分，應該一視同仁。正如保羅所說：「你們受洗歸入基督的都是披戴基督了。並不分猶太人、希臘人，自主的、為奴的，或男或女，因為你們在基督耶穌裏都成為一了」（加拉太書三章 27 ～ 28 節）。所以，教會對會友的紀律處分，也應該不分同性戀者、異性戀者。若有人說：聖經白紙黑字寫著同性性行為是罪，所以教會不可容忍，那筆者會回答：聖經白紙黑字寫著是罪的行為還有很多，教會有沒有同樣實踐零容忍？教會若要對同性性行為零容忍，那麼對其他罪行也要用同樣的力度打擊，這樣教會才是大公無私，不是「選擇性執法」。執行紀律的人，必須存無愧的良心。只是，筆者擔心，這樣的後果是教會大部分會友都要受紀律制裁，包括傳道同工、執事、長老等。

一般而言，在成聖生活上有軟弱的基督徒很多，我們應該體諒；但他們也不應在教會中張揚他們的軟弱，更加不應挑戰聖經對信徒生活的教導，否則教會只好採取紀律處分。同樣道理，若有會友在教會中張揚他 / 她的不恰當性生活，提倡性越軌也是正軌，挑戰聖經在這方面的教導，不管是與異性還是同性發生，教會只好採取紀律處分。進來教會的門檻是低的，但進來之後，教會因爲其本身的身分與使命，對其成員的要求卻是高的，一視同仁。

龔評 40

還有一個領聖餐的問題（也是海斯教授沒有討論，筆者提出補充的）。一般教會對領主餐的門檻也是比較低的，大致是清楚重生得救及已接受水禮的基督徒就可以。有些紀律比較嚴的教會，會要求接受紀律處分的會友在一段時間內不可領聖餐（其實這是天主教的傳統）。所以，只要沒有被紀律處分，不管是異性性傾向還是同性性傾向的教友，都可以領主餐。

4. 教會應否認可及祝福同性婚姻？

海斯教授認爲不可以，堅持基督徒要做忠心的門徒，人生只有兩個可能性：異性婚姻或獨身禁欲。筆者完全同意這個對異性婚姻的堅持。

5. 硬性要求有同性戀傾向的基督徒守獨身禁欲是否不公平？

有些人會說，硬性要求所有同性戀傾向的基督徒守獨身禁欲是不公平。海斯教授引用保羅對哥林多教會的指引：「我對著沒有嫁娶的和寡婦說，若他們常像我就好。倘若自己禁止不住，就可以嫁娶。與其欲火攻心，倒不如嫁娶爲妙」（林前七章 8 ～ 9 節）。換言之，未婚的異性戀者也要守獨身禁欲。所以，儘管保羅同意獨身禁欲是特別恩賜，不是人皆有之，但保羅堅持沒有這個恩賜的異性戀基督徒不能因此而放縱性欲。沒有錯，婚姻的大門對一個異性戀傾向者而言永遠是打開的，但這門對同性戀傾向者卻永遠關閉。爲甚麼惟獨他們要過這種迥然相異的苦日子？海斯教授的回答是，其實不少異性戀傾向的基督徒也是過著同樣的苦日子；他們很想結婚，但苦苦找不到合適的對象，同樣「被迫」要獨身禁欲。海斯對他們的勉勵是，蒙召作耶穌的門徒，往往要付上代價，是艱難的，當我們等候「身體得贖」時，難免要「歎息」（羅八章23節）。然而，在基督徒的生活中，福音的命令在數不清的各層面，屢屢挑戰及挫敗我們的「自然」衝動。只要我們認眞地經歷過這種鬥爭，便知道這是眞實的基督徒生活寫照。正如上述，保羅的末世論是「既已然也未然」，我們一方面已經在基督裏得釋放，但另一方面仍然困於罪的枷鎖中。性欲源於身體，現在身體尙未完全得贖，當將來身體復活，

龔評 40

為何以「張揚」來描述同性戀者較公開的分享？為何這不可以被視為對上主恩典的見證？說回來，同性戀者的出櫃與張揚無關，只是誠實地做人。

羅的回應

我同意立人兄這個評論，對於一個普通的同性戀者而言是適當的。若這位同性戀者同時也是廣義的「同志」，有計劃地衝擊教會的教導，他／她的出櫃必定張揚。

我們有新的身體，那才是一個令我們滿足的身體。

海斯教授的神學論述是非常有說服力的，但對於他把同性戀者的境遇與找不到對象結婚的異性戀者境遇等同，筆者認爲不妥。首先，一個被迫寡情薄欲的異性戀者，大概要到四十歲之後才出現。之前，他 / 她還是可以含情默默，嚮往愛情，追求心儀對象或接受對方追求，甚至是正式拍拖，熱戀數年，但最後分手結束。到了四十歲左右，才覺得絕望，而安於過獨身寡欲的生活。可是，對於同性戀基督徒而言，海斯要求他 / 她從一開始就要安於過終身獨身寡欲的生活，這種苦情與找不到對象結婚的異性戀者的苦情非常不一樣。其次，對於找不到對象，從沒有與別人過親密性生活的異性戀基督徒，要安於過獨身寡欲的生活不難。但一個已經有多年穩定親密伴侶的同性戀者，因爲我們傳福音信主了，教會卻要求他 / 她清心寡欲，終身守獨身，豈不是要拆散這對同性伴侶嗎？這個慘情，絕對不是找不到對象結婚的異性戀者的苦情可比擬。他們若做不到，救恩之門雖然已爲他們打開了，但教會之門卻向他們關閉，我們忍心嗎？

上文討論過的德國神學家帝立克與美國的基督教倫理學家史密德，都不同意教會牧養關顧同性戀基督徒，採取一律硬性規定他們要過寡情薄欲的獨身生活。在道德判斷上這兩位前輩與海斯一樣，都認同同性性行爲是錯的，但從牧養的角度，他們願意體恤人的軟弱，勉勵他們既然悲愴地困在罪中，就要盡力把罪減到最低，選擇次惡，避免大惡，努力行最大可能的善。要有性生活，就必須在一個類似婚姻的穩定愛情、彼此委身、願意長相廝守、互相忠貞的關係中。[65]

使用漢語的人常要求我們的決定是「合情合理」的，按照聖經神學，期望同性戀者過寡情薄欲的獨身生活也是合理的。但是否合情呢？筆者不覺得聖經作者是如此不近人情的。海斯引用過保羅所說：「與其欲火攻心，倒不如嫁娶爲妙。」（林前七章9節）保羅這句話是體貼人情的讓步，當然，這句話是設定了有婚姻的可能性。可是，面對沒有婚姻可能的固定同性戀者，保羅這句讓步的話的精神是否可以蘊涵：「與其欲火攻心，倒不如有一個穩定委身的伴侶爲妙」？ 筆者沒有定見，大家可以思考。

加拿大福音派已故的基督教倫理學學者葛倫斯（Stanley J. Grenz）有一個新構思，他同意上帝造我們是有「性」情的人（sexual beings），人皆可以發展這個從性而來的情（sexual desire），與同性或異性的人有深交，但性欲（desire for sex）的滿足，只適合在夫妻之間。所以他總結說：「人類基本的『性』情欣然讓同性別的人發展親近、甚至是非常親密的友誼，雖然這種特別的友誼不能包括以性器官接觸的性親密。」[66] 換言之，他認爲人有親密關係的需求是人性一部分，上帝造我們是如此的，所以性生活守貞潔並不意味我們要過一個沒有感情的孤獨生活。同性性傾向者與異性性傾向者一樣，可以有同性或異性親密的朋友，有穩定的感情生活。華人社會應該比較容易掌握這個見解，因爲華人社會中有不少例子，女性之間可以有非常親密的情誼，有身體親密接觸（手牽手，彼此依偎），但不涉及性行爲，我們的文化不以爲忤。男性之間有這樣的性表達，我們也應該學習接受。

同性戀者基督徒能領受獨身的恩賜，這是最好不過。出於甘心領受，而不是被迫遵守，生活必定有能力及喜樂。正如美籍華人基督徒袁幼軒（前同性戀者）以自身經驗來說明，追求性生活聖潔雖然並非等同掙扎消失，但當我們把自己完全呈獻給上帝後，生活就不再被性欲牽著鼻子走，得到可以選擇聖潔的自由。[67]

6. 有同性戀傾向的人可否被按牧？

海斯認爲傳道人與平信徒不應有雙重標準。對同性戀行爲的非難是屬於教會的常規教導，而不是按牧時特別的要求。特別挑同性戀行爲作爲阻止按牧的特別罪名，是任意和武斷的，也沒有新約聖經根據。對於貪婪及自以爲義的人，教會也沒有類似的規矩禁止他們按牧。因此按牧團該考慮的，是該傳道人是否有事奉的恩賜及從上帝來的恩典。「所以有同性戀傾向的人，只要尋求活出節制性欲的自律生活，顯然適合成爲按牧的申請人」（《基督教新約倫理學》，頁 536 ～ 537〔頁 403〕）。

7. 總結：服膺上帝並努力共融的教會

筆者認爲華人教會對同性戀基督徒的牧養，可以有不少改善的空間。但筆者不主張每個宗派要有劃一的準則，要求所有該宗派屬下的堂會必須跟從。筆者只希望，大家不要對教會內的同性戀者，不假思索地、因循地反對；另一方面，也希望有少數包容能力較強的教會，能包容異性戀者與同性戀者，一起牧養。同性戀基督徒要成立自己的教會才能過教會生活，並不合適，因爲教會中不應有隔離政策。要達到主內合一，雙方都要讓步。

美國普林斯頓神學院華裔教授蕭俊良，在九十年代推動全院教授反思這個迫切的問題。當時學院內的教授分成兩派，雙方都認爲這議題非常重要，牽涉到教會對上帝是否忠心的大問題。反對充分接納同性戀者的（反對上述的第四類型）一方認爲，教會的標記是與上帝立約的羣體，遵守上帝的誡命，成爲一個不受社會流行文化同化，堅守聖經價值觀的神國羣體。既然聖經對同性性行爲的教導是清晰一致，而且適用於現今社會，教會便應該堅守這些教導，忠於上帝。而贊成的一方則認爲，教會的標記是反映出上帝廣泛包容的愛與恩典，馬太福音中耶穌的家譜就充分反映出上帝的子民，是包括了猶太人所鄙視的外邦人，例如與家翁有染的迦南女子她瑪、迦南妓女喇合、外族人女子路得、與大衛王通姦的烏利亞妻子。上帝是仁慈的，因此教會拒絕被社會邊緣化的人是對上帝不忠實。[68] 是的，教會應保持高度警覺要忠於上帝。但願筆者上述的立場（教會在宣講教導上不放鬆，但在牧養關顧上需要滿有恩慈）能同時滿足上述兩個教會的印記。

四
社會與政治議題

A. 教會倫理與社會倫理

作爲信仰羣體，教會當然有權在其羣體生活堅持本於聖經對同性戀作出的評價。但當我們離開教會這個小羣體，討論社會這個大羣體的生活該如何規範，公共政策該如何制定時，就不應要求社會整體跟隨教會的價值觀。一方面，教會只是多元社會的一個小羣體，教會沒有理由要求社會整體強制接受教會的價值觀。另一方面，你情我願的同性戀生活，對社會而言頂多是多一項「無傷害性的錯事」（harmless wrongdoing），因此不適宜引用政府權力來取締、壓制、或管制。[69]

因此，無論教會及社會，都要學會區分公共政策的考慮及道德反思的觀點。

公共政策是由政府制定、對整個社會有約束力的統一政策，用法律手段干預市民的生活，或完全禁止，或只作適當管制。但是，任何公共政策都不可能承傳表達豐富的道德理念，原因有二：第一，政策要能執行，一定要考慮社會現實，不能唱道德高調以致曲高和寡。第二，現代社會的文化及價值觀日益多元，公共政策要尋求最大共識，所以只能表達道德上的最低要求，堅守道德底線。基於這些原因，在參與討論公共事務時，教會必須放下自己的高標準，教會在這方面需要學習。

在以前出版的論著中，筆者曾解釋過，教會參與討論同性戀相關議題時，應該採用四個公共理性的原則：多元社會和平共存、寬容、同舟共濟、公平。因此，教會應該支持及參與掃除社會上對同性戀者的歧視。[70] 假若香港有更多教會或教會機構謙卑地積極帶頭爲同性戀者解決社會生活上的歧視問題，發揮公民社會一分子的正能量，反性傾向歧視立法便眞的沒有需要。教會聯合起來的人力與財力都非常龐大，除了在政府總部外搞大型的政治集會，還可以在行動上爲保護大眾的公民權多做點事。行動勝於言辭，使勁大喊反對歧視口號多少遍，高喊「同志，我們愛你」多少次，還不如展示教會如何爲消除歧視做實事，雍容大度，釋出善意。再者，如上述從聖經標準，異性戀者與同性戀者都是罪人；就罪而言，同性性行爲是罪，但其他的罪在上帝眼中同樣可憎，而同性性傾向本身也不是罪。所以，教會若減少對同性戀者的苛責及定罪，用更多時間譴責異性戀者在性、婚姻、家庭中的罪，譴責異性戀者的自以爲義，就已經有助消除歧視。[71]

另一方面，由於公共政策只能決定道德底線，不應阻止多元社會的不同單元自由地各自作更深入的道德反思。自由社會中人有法律權利及道德義務去離開道德底線，進入道德範疇的豐富內容，追求道德理想，及以這理想來指導個人或小羣體的生活。因此，自由社會不應鼓吹道德相對主義，要求成員終止進行各自的價值判斷，強制大家接受「各有各好」。社會羣體在這方面則需要學習，特別是不要混淆「歧視」一詞的意義。按一般法律及倫理學用法，「歧視」是指因爲一些不相干的因素，對某些人作出不公平的差別待遇，以致他們在社會生活中失去平等機會（特別是教育、就業、住屋、法律司法與執法等基本社會生活大事而言）。這是「歧視」一詞的慣常使用方式。任何不贊成同性戀的父母，撫心自問，若自己的子女是同性戀者，都會大力反對這些歧視。但社會中大力支持同性戀的言論，也不應該把反對同性戀的生活方式抱持道德異議便等

龔評 41

我認同秉祥兄的觀點。但當下以「逆向歧視」提出維護反對同性戀者的良知自由的論點是否屬於良知自由？

羅的回應

我同意有些人對「逆向歧視」的警覺是出於良知自由及理性的，但也有些人對「逆向歧視」的緊張是出於恐懼情緒及非理性的。

同歧視，這是對「歧視」一詞的不正當擴大使用或濫用。其實，對不同生活方式作排序的價值分辨（如辨別最好、次好、再次好等），才正是"discriminate"這字的原義；在待人接物上作價值分辨，是任何人一輩子都要不斷做的事。筆者反對不准對同性戀生活方式表達異議，亂扣「恐同」帽子，這是霸道的「反歧視」。基督徒羣體基於宗教道德理由以言論反對同性戀生活方式，佛教徒羣體基於宗教道德理由以言論反對街市中的宰雞殺魚行爲，伊斯蘭教徒羣體基於宗教道德理由以言論反對女性在公共場合外露身體，這些都是他們的宗教信念，這種良知的自由要受到公平保護。以歧視之名貶低這種良知自由，其實是想借政府力量去封殺道德異議聲音。這是以「反歧視」之假名去眞歧視道德異見人士，剝奪他們的良知和言論自由，製造新的文字獄。

B. 平權、自由主義與同性婚姻

最近社會流行一個新口號「平權」，筆者的初步回應是：「反歧視」與「平權」是兩個不同的概念。正如上述，嚴格來說，對同性戀者歧視是指因爲性傾向這個不相干的因素，對同性戀者作不公平的差別待遇，以致他們在社會生活中失去平等機會。這是「歧視」一詞的慣常使用方式。但同性戀運動有更廣大的目標，所以最近便有了「平權」的口號。同志運動的第一個主要目標是所有市民有平等的結婚權利，因此同性婚姻要合法化。

然而，社會羣體生活，不能事事都以平等的個人權利來解決。在西方，自由主義（Liberalism）與社羣主義（Communitarianism）的分野便由此而產生。舉個例，西方的自由主義者認爲人皆有平等的生殖權利，由於生殖科技發達，任何人皆可以無需行房交媾而享有生殖的經歷，所以人皆應平等享有科技協作生殖的自由。就算有些人缺乏履行親職養育的能力（如終生在囚者），我們頂多只能不讓他們養育兒女，但應該讓他們生殖兒女。[72] 這種政治主張源自以個人權利爲本（right-based）的倫理學及政治哲學，即自由主義。

簡單而言，自由主義的核心價值之一是個體主義（Individualism）。個體主義有兩個重要意義：存有論的個體主義，及規範性的個體主義。首先，就存有論或本體論而言，個體主義主張「己先羣後」。換言之，個人比羣體更眞實，因爲從存有論的角度來看，是先有個人，才有羣體。羣體是由個人所組成的，所以個人排第一，而羣體只排第二。沒有羣體的獨立個體可以作爲一個實體存在，但超越個人而自成實體的羣體卻不可能存在。其次，就規範或應然層次而言，個體主義主張「己重羣輕」。換言之，既然在存有論上是己先羣後，在價值取向方面，我們應先考慮個人，才考慮羣體；當己羣之間有利益衝突，個人利益有優先性，要得到充分尊重。我們不可爲了抽象的羣體利益而犧牲具體的個人利益，而權利語言便是最恰當來保障這些個人利益的道德語言。個人有各種人權，而羣體卻沒有對等的權利，所以便己重羣輕；人的首要義務是不侵犯他人的權利，不干預他人的自由及私事。

這種過分強調個體權利的社會政治思想，在西方尚且受到抗拒，所以便有社羣主義的興起。簡單而言，社羣主義的思想可以用「三段論」論證法來表達。（1）前題一：社羣是人類生活中極其重要的部分；（2）前題二：自由主義不能建立及維持眞正的社羣生活；（3）結論：自由主義有嚴重缺陷，要加以修正或甚至推翻。限於篇幅，這裏只簡單解釋第二個前題。以桑德爾（Michael J. Sandel）對羅爾斯（John Rawls）的政治自由主義享負盛名的批判爲例，桑德爾認爲自由主義只能有兩種社羣觀，即工具性及情感性。這兩種社羣觀都是以獨立個體爲本爲首，羣體只爲第二，所以這樣的羣體是不穩定的。眞正穩定的羣體，是所謂「構成的社羣觀」，把個體與羣體在優次上並排。[73] 事實上我們永遠不會找到脫離社羣獨立生存的個人，相反，眞實的個人卻是生活在社羣中的個體，個人的本性是透過緊密互扣的各種社羣關係而構成。因此，有些社羣便構成了人自我身分的一部分；人的自我並非無負荷、無負擔的（unencumbered self），而是被構成的（encumbered or constituted self）。

由於在社羣中，成員之間彼此團結一體，所以更強調彼此之間的忠誠、獻身，及歸屬感，鼓勵更強的責任心，這都是超過了不干預對方及不傷害對方這些最低要求的。因此，社羣主義除了保留權利語言；也強調責任語言，其最重要關注不只是個人權利，也應是社會共善（common good）。

明乎社羣主義對自由主義的批評，大家就可以理解爲何桑德爾在其近年暢銷的名著《正義：一場思辨之旅》（*Justice: What's the Right Thing to Do?*）中，最後一章題爲〈正義與共善〉。而且在此章內，他提出對同性婚姻的質疑。以自由主義的思考模式，凡事都以個人權利爲本，先有個人，才有羣體，個人利益優先於羣體利益，所以兩個同性別的人想結婚，中立理性（neutral reason）找不到反對的理由。可是，三個人（不管性別組合）想結婚，以同樣思的考模式，也找不到反對的理由啊，但大家卻反對，這正是自由主義者的自相矛盾。桑德爾因此指出，怎麼樣的伴侶組合社會才應該承認

龔評 42~44

龔評 42

基本上，我接受秉祥兄的觀點，但支持同性婚姻關係不等於支持自由主義。支持同性婚姻也可以是一種社羣主義的表達；同樣，維護異性婚姻者也可以是自由主義。問題是：反對同性婚姻者可能有一個假設，就是將同性婚姻等於破壞家庭，並將家庭制度等於社羣利益。

羅的回應

我同意立人兄的意見，原則上，支持同性婚姻可以用一個社羣主義論證。只是現實中不管西方或香港，支持同性婚姻的主流聲音都是訴諸自由主義。最近香港平等機會委員會主席周一嶽也這樣説：「每個人都有自由去選擇與甚麼性別的人結為伴侶，這是基本人權，不能受到剝削。」這是徹底的個人平權自由主義論調。

立人兄所説「將同性婚姻等於破壞家庭」並非本人的設定，於此不贅。

龔評 43

此外，反對同性婚姻者認為若可以有同性婚姻就可以有多種不同婚姻關係，但這不是必然的。按我以上所説，同性婚姻也可以是一種社羣主義的表達，而不是平權結果。所以，其他不同種類的婚姻關係需要在社羣主義下來討論。

羅的回應

普通法法律是看先例，有了先例，婚姻不是只有一種形式，既然有了第二種形式，那第三種形式的婚姻為法律所容許及承認，是早晚會發生的事。

龔評 44

然而，當強調社羣的重要性，我們要小心社羣暴力。參考拙文。

是婚姻？大家其實並不只以平權的思考模式決定的，而必須考慮到社會對這個伴侶關係的道德評價。[74] 簡言之，以「平權」論證以爭取同性婚姻，有嚴重漏洞。

華人社會文化還是比較傾向於社羣主義，而不是自由主義。婚姻與家庭，不是任何幾個人的自願結社而已。正如前述，若社會內所有事務都以平等個人權利來解決，會帶來很多我們不想接受的後果，如長期身在囹圄的人，儘管沒有履行親職（養育）的能力，都應可與其他人享有平等的生殖權利，讓他們透過生殖科技生殖兒女。西方社會尚且有有識之士如桑德爾知道平等權利思維模式不能解決同性婚姻之爭論，香港市民大眾就應引以爲鑑。

雙評 45

只不過，基於上述同舟共濟的原則，我們在反對同性婚姻之餘，不妨考慮支持「同性共處伴侶法」，讓長相廝守的同性戀關係也可以得到經濟及其他保障（如提供報稅優惠、在職及退休福利、探病權、醫療保險、人壽保險、承繼遺產、移民、分手贍養費等）。北美福音派學者葛倫斯就提出，不妨區分社會賦予配偶的福利，及社會賦予生殖養育孩子及孫兒的家庭福利，讓同性戀伴侶也可以享有前者。[75] 從社會的角度而言，伴侶感情關係都能穩定下來，對社會有利；而提供上述的福利誘因，有助於同性伴侶關係往穩定方向發展。

龔評 45

格倫斯可能捉錯用神，因為婚姻或以「同性共處伴侶法」出現的關係沒有必然帶來穩定關係。參考英國的離婚數字已嚇你一跳。相反，我認為同性婚姻對社會是最沒有破壞性，因為他們的同性關係都是在婚姻的框架下，沒有改變了社會對結婚者的要求。

羅的回應

同性婚姻對社會有沒有不良影響是一個需要實證考究的問題，請容讓社會學學者作深入調查。只是同性伴侶組成的家庭對孩子會否有不良影響，目前還沒有足夠資料作研究，斬釘截鐵說一定沒有不良影響恐怕是言之過早。目前我們只能以人類的經驗智慧來推測。同性婚姻與異性婚姻並非只是性別之差異而已，因為婚姻是建立家庭的地方，而不只是兩個人之間的私事。一般來說（當然凡事都有例外），有婚姻關係的血緣父母更有動力及責任感去撫養自己的孩子，而孩子對血緣父母也有無可替代的特別感情。因此，一般而言，異性婚姻比同性婚姻更有利於孩子的健康成長。

第二部

對論

// 龔立人 / 主場 //

道德與敘事

是與非以外的對話

第2章 論同性性行爲的道德與不道德

從基督宗教敘事倫理學看同性戀

// 龔立人

同性戀之所以成爲道德議論之一，因爲反對者認爲同性性行爲違反「自然」（不論這「自然」來自上主命令還是生理構造），並破壞由這「自然」所建立的社會秩序（婚姻和家庭制度）。若同性性行爲是問題核心的話，本文嘗試以敍事（narrative）倫理作爲切入點，透過認識行動的本相，重構對同性戀的討論，並思考差異倫理的合適性和基督宗教敍事可以有的多元性和應要有的道德性，從而促進一個更和平和更包容的社會。雖然對敍事倫理沒有統一界定，但敍事倫理的起點不是一系列抽象原則，而是不同的社羣故事和個人故事。[1]敍事倫理不是以建立康德式的普世性倫理爲目的，反而承認差異性和獨特性，要求不同社羣和個人敍事之間可以對話，從而能批判地檢視所屬的敍事，並建立社羣和個人的整全性。[2]

一

在脈絡的行動

簡單來說，對一個行動的理解大致可分爲「在脈絡的行動」和「分析行動理論」（analytic action theory）兩種。在脈絡的行動認爲，一個行動的出現，與行動者的背景，其所屬的社會文化脈絡，以及當下的處境，都是互相關連的。[3] 將行動獨立於個人經驗及其社會文化脈絡，並不會如想像中可以獲得對行動的客觀理解，反而導致行動可能被扭曲了。例如，裸體行動不可以單從「不雅」去理解，反而要考慮：在甚麼地方裸體、裸體者的背景如何幫助理解其裸體行動，以及裸體者身處的社會文化如何幫助理解其裸體行動等。這些考慮帶出個人敘事、所屬社羣的傳統和行動發生時的處境等元素，對理解一個行動的重要性。麥金泰（Alasdair McIntyre）說：

> 若要成功認識和理解一個人所做的事，我們要將一段插曲放在一系列敘事歷史背景下，而這歷史包括那個人的和個人行動與受苦者所身處

> 的處境……我們提出要這樣理解，因為行動本身基本上是有歷史性的。因為我們都在我們的生命中活出敘事（narrative），也因為我們的生命是從我們活出的敘事而來，而這敘事又讓我們明白他者的行動。[4]

這使我想起二十年前發生在香港的一件事。1994年，香港淫褻物品審裁處把雕塑大衞像評爲不雅，理由是該雕像裸露男性性器官，不適合在公眾地方擺放。此評審引起社會輿論強烈抨擊，香港最高法院及後推翻有關裁決，而法官判詞中亦表明任何有理智者都不會將大衞像視爲不雅。有別於效益主義強調以結果來考慮一個決定的好與壞，「在脈絡的行動」嘗試透過對行動不同層面的了解，從而分別出不同考慮的優先次序，甚至質疑某些原則的有效性。更重要的是，在脈絡的行動關注行動與個人敘事有關的德性和生命的整全性。然而，有批評者認爲在脈絡的行動有傾向將行動相對化，例如，殺人行動有可能被理解爲合理的和可接受的。事實上，公義戰爭（just war theory）就爲殺人作出合理化解釋。查實，這樣的批評已將整個倫理討論定性在對事件的決定上，沒有考慮在對事件決定以外其他對事件理解的可能性。我曾在拙作《是與非以外——基督教的倫理想像》中以祈克果（Søren Kierkegaard）提出「倫理的目的之懸置」帶出超義務的可能性，而對超義務的辨識只可以在「在脈絡的行動」下才能體驗出來。

相對於在脈絡的行動，「分析行動理論」嘗試將行動獨立於行動者的背景、動機、目的與社會文化傳統，而只專注行動本身。重點是行動的種類（act type），而不是行動的象徵（act token）。[5]行動種類指不因人和環境因素而影響對行動的理解，而行動象徵指某人在某時的某一行動。例如，在分析行動理論下，殺人就是取去他人生命，不會考慮某人在某社會文化脈絡和個人因素，而改變原先的理解，認爲殺人不是殺人行動。縱使我們可以將殺人行動再分類爲謀殺、誤殺、仁慈殺人，甚至合理殺人（查實，這已參考了在脈絡的行動），但殺人的行動並未因這種種不同的考慮而改變定論，認爲這不是殺人的行動。然而，批評者認爲「分析行動理論」對行動的理解只是一種普通概念（generic conception），受制於某一傳統或敍事，多過於是一種可以從行動的「實然」推論出來的「應然」道德判斷。雖然「在脈絡的行動」和「分析行動理論」的起點不同，但他們不必然對立，反而他們是一個互動循環的過程。一方面，在脈絡的行動挑戰由分析行動理論產生出來的倫理價值的僵化和約化；另一方面，分析行動理論爲在脈絡的行動提供對行動的基本認識。說回來，反對同性性行爲者傾向從分析行動理論來理解同性性行爲，主要以「自然」（指性交方法）和可能的社會影響作爲對同性性行爲判準的基礎。而相對地，他們對同性性行爲者的敍事，以及醫學對同性性行爲的敍事，皆持封閉態度。分析行動理論者認爲他們的立場是客觀的、理性的和科學的，但他們忽略了「誰的理性」和「哪種科學」，而「誰」與「哪種」仍離不開反對同性性行爲者所屬的敍事。相反，「在脈絡的行動」並非以此否定「分析行動理論」的價值，而是指出設若人是行動的來源，行爲便需要在新環境和當下人類的處境之下理解才有意義和才算合理。因此，「在脈絡的行動」挑戰「分析行動理論」的抽離性和絕對性，甚至可能的僞裝客觀。當然，強調「在脈絡的行動」不等於將脈絡絕對化，反而要求我們以厚實（thick）的倫理理解行動。本文認爲以「在脈絡的行動」來理解同性性行爲更適合，不但因爲判斷一個行爲離不開對其所屬的社會文化傳統對這行爲的認識，更因爲以男同性性行爲爲例，男同性性行爲者不是只有肛交的意思，更牽涉更廣大的敍事。

二
敍事、傳統與社羣

一個「在脈絡的行動」至少牽涉三重敍事，即行動者所屬的社羣敍事（包括醫學、文化、神學和法律等）、行動者個人的敍事和行動本身的敍事。就著社羣敍事，它關乎傳統。傳統的基本不是一系列的規範，而是一種共同語言，令溝通可以發生。[6] 事實上，語言只有在處境下才有它的意義，也只有從它如何在歷史中運用獲取其意義。傳統是那將我們連繫在一起的共同假設。然而，傳統並非如我們想像中封閉，它是開放的，讓不同時代的人都可以參與，跟傳統作討論。因爲語言在於運用，而運用就帶來新的語言。傳統的權威不是其不變性，反在於它爲往下繼續的討論提供重要的資源。傳統需要被挑戰，但也是挑戰本身，以致傳統成爲活的傳統。那麼，如何選擇某種傳統成爲對某一行動的參照？又爲何某一傳統有其主導性？如何處理不同傳統之間的矛盾？個人與傳統的關係又如何？

傅柯（Michel Foucault）的《性的歷史》（*History of Sexuality*）是一個很好的範例，透過歷史解構傳統背後牽涉的權力架構和論述。[7] 若要理解性欲，他認爲先要從權力開始，認識權力對性欲特質（sexuality）的塑造，繼而明白性欲特質對性（sex）的建構。在肯定傅柯對論述批判的貢獻之餘，我對他的分析仍有保留。傅柯的解構可被視爲一個借去傳統（de-traditionalization）而再傳統（re-traditionalization）的過程，但他在再傳統一事上沉默了。除傅柯外，在中國大陸成長的劉小楓提出「人民倫理大敘事」與「個人敘事」的相對性。[8] 他認爲個人敘事倫理不是探究生命的一般法則，或者人的生活應遵從的基本道德觀念，而是講述個人經歷的生命故事，即通過個人經歷的故事提出關於生命感覺的問題。個人敍事倫理不是普遍的生命感覺，也不是道德的普遍狀況，反而是強調生活的可能性和多樣性。換句話說，因不同人有自己的敍事，沒有一個大敍事可以包涵所有個人敍事，反而每個人都要面對自己的敍事所帶來的生命挑戰。個人敍事是個人生命的歎息和想像，是個人活過的生命痕印。個人敍事不是某些歷史聖哲設立的戒律，也不是由某種國家化的、基於道德而設定的生存規範所構成的，而是由一個具體偶在的、個人的生活事件所構成。相對地，人民倫理大敘事規範了個人的生命感覺，並以歷史的沉重腳步牽引個人生命，因爲民族、國家和歷史目的比個人命運更重要。但個人敍事是伸展個人的生命感覺。個人敍事不提供國家化的道德原則，只提供個體性的道德境況，讓每個人從故事中形成自己的道德自覺。個人敍事倫理讓人面對生存的疑難，搞清楚各種生存悖論的不同要素，展現生命中各種價值之間不可避免的矛盾和衝突；讓人自己從中摸索倫理選擇的根據，通過故事教人成爲自己，而不是說教，發出應該怎樣的道德指引。個人敍事倫理激發個人道德反省，弄清道德困難不等於道德問題解決了，每個人終究要面對「我該怎麼辦？」這種問題。劉小楓說，「沒有敍事，生活倫理是晦暗的，生命的氣息也是灰濛濛的」。

劉小楓提醒我們不要將個體從屬於社羣，社羣道德不等於個人道德。但個人敍事是否可以完全獨立於社羣敍事？是否一切社羣敍事必然是壓迫性，或是否個人就可以有屬於自己的敍事？尤其在涂爾幹（Émile Durkheim）的理解下，道德的中心是社會，而不是客觀價值。在個人主義下，「屬於」（belonging to）成爲一個很負面的概念。爲了回復個體自由，自由主義者強調一個獨立於傳統的個體，意即他是他的權威和責任的來源，而不是來自外在權威。紀登斯（Anthony Giddens）就以自我反省監察能力（reflexive organization of the self）來描述現代人的特徵。[9] 反諷的是，強調主體經驗的女性主義對這種強調人的自主性、理性和獨立性等提出嚴重質疑。女性主義認爲人活在關係中，並在關係中建立自我。[10] 此外，麥金泰不認爲生命的整合純粹是個人的事，反而是需要投入其所屬社羣，從而得著合一。他說：

> 人主要在其行動和實踐，並他的故事中，人主要是一個說故事的動物。他透過他的歷史，成為說故事者和追求真理。對人最核心的問題不是他是否他故事的作者，而我只可以在回答「我在做甚麼」這問題前，先要回答「在那個故事，我找到自己？」[11]

若肯定人是「關係性」和「在事件中」（being as in event）的話，我們就不可能在社羣敍事與個體敍事之間任擇其一，而是徘徊在其中，受兩方拉扯。張力是必然的，但不必然對立。社羣敍事成爲我們對行動理解的起點，因人不能獨立於社羣敍事存在，但人也要對所屬社羣敍事保持距離，「跳出」而不是脫離，以致人不會將其個人思考習慣和欲望等同社羣敍事。[12] 社羣敍事解釋了人的道德之形成，但這不等於任何社羣敍事就可免受批判。我們要小心：不要將某社羣敍事等同客觀準則，也不要將社羣敍事等同社會契約，反而它關乎人的「所屬」（a sense of belonging），也因此，社羣敍事有製造排他性的傾向，甚至認爲排他性是合理的。例如，麥金泰說：

> 試想一個羣體，他們開始意識到，人是可達到某種美善，而這種美善只能夠在一個由這共同目標所構成的羣體的生活中，並透過這種生活才能夠達致的。我們可想像這一羣體需要遵守兩種獨特的訓誡，才能確保那種維持其共同生活所必不可少的秩序得以存在。第一組訓誡，告誡人要追求德性……第二組訓誡，則禁止人作出一些會破壞人際關係的行為，而人際關係對羣體是必不可少的，因美善是在羣體中達致的，也是為了羣體而作的，德性也是為了羣體而踐行出來的。這兩組訓誡也是從目的（*telos*）衍生出其重點、目的和理據的，只是用上了兩種很不同的方式。若觸犯第二種訓誡，就是作了一種不能容忍的行動，把自己與羣體隔離出來，可是人只能在那羣體中才能達致美善。因此，在某種目的論的框架中，是有必要絕對禁止某些特定的行動的。[13]

我接受麥金泰對社羣重要性的解讀，但卻對他不質疑已存在於社羣的壓迫性甚有保留。若按麥金泰的理解，中國政府不接受異見人士（例如王丹、高行健）回國是合理的，而異見者回國的要求就顯得不合理了，因爲異見人士的行動是不愛國，並且有損社羣秩序。問題是：爲甚麼問題不是在社羣而是在個人呢！因此，我們對社羣和由社羣代表的社會秩序要保持一定的批判性。

三
「恐同」的社會敘事

社會敘事除了以論述的形式出現外，它更以「政治恐懼」和「恐懼政治」形態出現。以本文關注爲例，有反對同性戀的可能以某種的「恐同」敘事呈現。恐同指對性小眾存有憎恨、不寬容和恐懼態度。透過傳播對同性戀的迷思和以樣板方式處理同性戀，強化和鞏固對同性戀的負面感受。在恐同的社會下，同性戀者將這些對同性戀的負面態度內在化，並發展出不同程度的、低落的自我形象和自我憎惡。恐同不只是個人態度，更以「恐懼的政治」與「政治的恐懼」出現。

政治的恐懼使人不敢講眞話。這不但發生在政治世界，也發生在日常生活中，包括教會生活。例如，因恐懼失去工作、被剝奪在教會事奉的可能等而自我審查和約束，不選擇公開表達。有別於政治的恐懼，恐懼的政治不但使人不敢面對外在的陌生世界，甚至認爲外在的陌生世界是陰險的和邪惡的。在恐懼政治下，維持社會現狀（status quo）、打敗對手，甚至妖魔化對手等是最安全不過。保持作戰狀態和陰謀論思維是恐懼政治的特徵。若北韓是一個典型恐懼政治的例子，美國也是，尤其「九一一事件」之後就更明顯。沒有一個社羣可免於恐懼的政治，只是有程度上的差異。那麼，問題是：我們如何可以減輕由恐懼政治產生出來的破壞力？聖經教導我們：

> 在愛裏沒有懼怕；完滿的愛把懼怕驅逐出去，因為懼怕裏含著懲罰，懼怕的人在愛裏尚未得到完滿。（約翰一書四章18節；《和合本修訂版》）

在同性戀一事上，很多教會認爲恐懼政治的出現不純是教會製造出來，反而他們才是受害者。若某些教會和同性戀者都感受到被排斥和歧視，我們如何可以突破恐懼政治的桎梏？

首先，支持和反對同性戀的雙方都同樣是受害者和共同處於受害化過程。一方面，同性戀者的社會生活受到不同情況和程度的歧視，他們是受害者；另一方面，某些教會擔心「反性傾向歧視」立法後，他們就不可以表達「同性性行爲是罪，是上主所憎惡的」等言論和不可以選擇不向同性戀者提供服務，所以，他們看自己將會是受害者。若當下受害的同性戀者和有可能受害的不贊同同性戀人士都是共同的受害者的話，我們需要彼此同情，減少和避免讓對方繼續受害，並認識我們的傷害是否來自我們本身的恐懼。那麼，對話（包括公共諮詢）是一個很重要的過程，讓雙方說出他們的遭遇和擔心，並尋找可行的方案。

第二，從陰謀論走向健康懷疑。2009年，《家庭暴力條例》草案修訂結果指出，同性同居者被納入條例保障範圍之內，但同時，條例亦改名爲《家庭及同居關係暴力條例》來滿足不贊同同性戀的教會之憂慮。[14] 這經驗成爲對立雙方達成共識的一時佳話。然而，我並沒有這樣樂觀，因爲所謂的共識並沒有走出深層的陰謀論。簡單來說，陰謀論常以「滑坡理論」誇大對方行動的破壞性，並以最不信任的態度來詮釋對方的行爲。不幸的是，某些教會卻走不出陰謀論幽靈，甚至成爲陰謀論的締造者之一。從這角度來看，《家庭暴力條例》中所謂的共識不是讓步和妥協，而是不贊同同性戀的團體成功粉碎同性戀者的陰謀（即同性戀者藉此機會爲爭取同性婚姻的法律地位鋪路）或同性戀者的陰謀未能得逞。[15] 這種陰謀論思維在反性傾向歧視一事上再呈現出來。有不贊同同性戀的人以陰謀論認爲諮詢就是立法的前奏，立法一啓動就會帶來日後同性婚姻和領養的合法性。這是已通過同性婚姻法國家的經驗，但我們不需要將反歧視（現時反歧視條例的範圍）與婚姻和領養捆綁式理解。不但因爲將歧視與同性婚姻綑綁式討論會犧牲公義和漠視受歧視者的遭遇，更因爲它以防範作爲討論基礎，製造社會不信任。我從不排除陰謀的存在，但我們更需要健康懷疑、以事論事、不作無關緊要的推測、拒絕爲陰謀論提供養分。

第三，認識和承認自己的恐懼，從而得著眞自由。很多人批評教會對同性戀態度源自道德潔癖，以致它視同性戀爲污垢，污染整個城市。到今日，仍有教會人士將同性戀等同性濫交、愛滋病、破壞家庭和婚姻結構並製造社會混亂等。然而，潔癖使教會傾向站在道德高地，沒有讓步和妥協的可能，只有零與壹，不容許遊走於零與壹之間。這種潔癖的信仰使教會充滿恐懼，失去能力去認識同性戀者是人，一個應被尊重的人，也失去對其信仰更廣闊的發現和體驗。此外，同性戀是否只是代罪羔羊？一方面，破壞家庭和婚姻關係與同性戀沒有必然關係。再者，反性傾向歧視條例不是要處理性濫交和破壞家庭等問題。另一方面，我們要謹愼分辨，同性戀者免受歧視與某些以顚覆社會對性理解的同志平權運動兩者並不一樣。道德潔癖不但令教會看不見自己的恐懼，反視自己是殉道者。這一切窒息了教會與社會對話的機會。

以上討論主要集中在教會的恐懼政治，但我不排除有同性戀團體和支持同性戀者的行動會激化恐懼政治的出現。但因爲多年來活在政治恐懼下，以致同性戀社羣有較激烈的反應是可理解的。再者，當下受歧視的不是異性戀者，而是同性戀者。所以，他們對政治恐懼的反抗毋疑會令受政治恐懼權力保護的人出現恐懼政治的反應。因此，問題是：教會是否可以在陰謀論思維下踏前一步，伸出友誼和公義之手？可惜的是，在恐懼的政治下，教會就產生其內部的政治恐懼。一位教會牧師對我說：「我教會中有一位女同性戀者，她在教會生活感到很大壓力。你是否有教會介紹給她，即同志友善教會？」又說：「不要將我的請求告訴其他人，否則，我的烏紗不保。」這是家有家法還是政治的恐懼？然而家法就不可以是政治恐懼嗎？若要被教會接受，牧者就不可以公開表達支持或同情有關同性戀的言論。

說到底，沒有承認自己恐懼的憐憫，不可能會有為他者的公義；同樣，沒有承認自己恐懼的公義，只會將他者與自己一起掉進受害化過程中。

四
敍事、說故事與經驗價值

除了用自由主義與社羣主義的框架理解個人與社羣敍事的關係外，敍事本身也承載人與人的經驗及生命共感。就此，班雅明（Walter Benjamin）對說故事的理解有助我們對敍事倫理有進一步理解。故事是一種人類相互交換經驗的過程。對班雅明來說，說故事者往往是一個務實者。透過故事，說故事者公開地或祕密地帶出一些勸告，而非純爲娛樂。這些故事扎根於日常生活中，是一種經驗價值，並成爲生活的智慧。故事所關心的不是故事中人的命運，而是其中的經驗和教訓。「故事敍事者是良好的顧問，但和諺語不同，他不是只爲某些情況提供建議，而是和智者一樣，能爲所有情況提供忠告，因爲他有能力以整個生命作參考。（而且這個生命不只包含他自己的經驗，其中也有許多其他人的經驗。）」[16] 透過故事，聽故事的人找回人性的正常感情和事實的衡量尺度。生命共感就從中被培養了。雖然故事提供某些衡量尺度，但故事的特色不是一套原則和解釋，重點也不在於細節的描述，它保留了聆聽者自由詮釋的空間。所以，泰勒（Charles Taylor）說，「我（聽故事者）以『跟著如何』來理解我當下的行動」。[17] 班雅明說，「故事蘊藏著濃縮的力量，而且即使在誕生多時之後，仍保藏燦爛開放的能力」。[18] 此外，說、聽和重說故事本身就是一個回憶過程。回憶過程不只關乎對往事準確地描述，更具有救贖和解放的特質，因爲回憶（recollection）意味著重新收拾（re-collect）一堆片斷且散亂的經驗印象，並重構生活世界。

故事之所以能說得動聽，聽者之所以能記住故事，因爲聽者也回饋了自己的人生給說故事的人，而說故事的人不斷地加入了自己的經歷和對故事的理解。故事之所以能代代流傳，不僅僅因爲人們訴說著過去，更因爲聽故事的人不斷地加入了自己的經歷和對故事的理解，就像陶器上佈滿了工匠們的手紋一樣，所以傳統不是簡單的過去或歷史，而是歷久彌新。因此，故事本身是開放、不斷被豐富的。像藝術作品一樣，故事帶出「靈光」乍現（aura）。[19] 靈光乍現是一種內在的，在經驗貧乏面前的一種經驗結構。靈光的體驗在於在藝術作品中傳遞神的旨意，它不是美學內容的變化，或者具體視覺即空間構成的物質變化，而是感知結構的轉變。靈光有如一種靈媒體，潛入藝術作品中的人物的眼神中，使他們有充實與安定感。靈光在於他的此時此地現身，它凝聚一種實存體驗。同樣，聽故事者也可從說故事者的故事經驗到靈光乍現。例如，希伯來聖經的出埃及故事孕育了拉丁美洲解放神學的誕生，即站在貧窮人的一方，並以社會踐行爲目的。與此同時，拉丁美洲基督徒的經驗也豐富了出埃及故事的內容，並爲這古舊故事帶來生命力。可惜的是，一個倚重工具理性的社會傾向將故事化約爲一系列抽象準則，結果，故事的開放性被封閉了，而道德生活只剩下是與非，沒有想像空間。

五
同性戀者的敍事

首先，我們要注意醫學對同性戀敍事的轉變。1973 年前，同性戀被視爲「性異常」（Sexual Deviation），是一種需要治療的精神病。1973 年，美國精神醫學會（American Psychiatric Association）經過投票，有六成精神科醫生反對把同性戀視爲精神病。隨後，第二版的《精神病診斷及統計手冊》（*The Diagnostic and Statistical Manual of Mental Disorders*）剔除了同性戀屬於精神病的診斷。自此，精神醫學界把同性戀分爲兩類：當事人自己接受的同性戀（Ego-syntonic Homosexuality）及當事人自己不接受的同性戀（Ego-dyntonic Homosexuality）。前者不算爲精神病，只有後者算爲精神病，即只有「不接受自己是同性戀」的同性戀者才需要接受治療。此外，從 1987 年開始同性戀一詞已不再出現在《精神病診斷及統計手冊》內，取而代之的是「性取向困擾」診斷（Distress about Sexual Orientation），即不論同性戀者或異性戀者，只有被自己性取向困擾的人士才需要接受治療，這不單包括「不接受自己是同性戀」的同性戀者，亦包括「不接受自己是異性戀」（想做同性戀）的異性戀者。總結來說，這是一個去病理化的過程，即同性戀不是精神病，不是一種缺憾，也無必然需要接受治療和輔導。雖是如此，我們仍要留意醫學敍事只是其中一類對同性戀的敍事，不是一切敍事的根源。例如，傳統基督教以罪來描述同性性行爲又是另一類敍事。這不同的敍事可以如何進行對話？以下，先讓我們聆聽同性戀者的自我敍事。

「在脈絡的行動」和敍事下，同性戀者不是一個被研究的客體，也不純是一個道德原則應用的考慮，反而他們向我們揭示生命的本相，要求我們檢視我們個人和社羣敍事可能存有的偏見，並開放地與他們相遇。一位大學畢業了數年的學生跟我分享：

> 「我現在跟一位女醫師生活在一起。她是我在大學時相識的同學。」我沒有追問她們的性生活，卻很簡單地問：「近來，生活怎麼樣？」
>
> 她回答：「令我最傷心的事，就是我傷害了我的父母。我們一家都是基督徒。他們很愛我，我也很愛他們，但我的同性戀使他們不斷怪責自己。同性戀是罪嗎？」

她帶著淚光說：「我向父母隱瞞我現在的生活，但我知道他們是知道的。」

隔了一會，她繼續說：「我的朋友也不敢向她的同事表明自己是同性戀者，因為醫師這行業對同性戀者仍有歧視。」「有時，我因自己是同性戀者而討厭自己。事實上，我曾嘗試迫自己改變，尋求輔導，希望神蹟可以在我身上出現，但最終卻沒有發生。我憎恨上主。為何祂造我成為同性戀者？」

另一位朋友在報章上有如下分享：

「如果可再選擇，我不會結婚，前半生學做一個女人，但這不是真我。」結婚近廿載，離婚收場，對女兒最是愧疚，未能陪伴她成長。數年前分居，前夫跟女兒解釋，「媽咪為實現理想，不能同我們一起生活」。

她說：「在外國留學和工作，我有位拍拖多年的女友，對方突然結婚，我氣憤，但更累。我想走回一條『正路』，重投男人懷抱。我跟同是教友的男友結婚，婚後一年出軌，再愛上女人。婚外情維持了幾年，世俗不容，信仰喝止，這次我主動離開，回港讀神學，洗心革面，更誕下女兒。我曾以為我的同志身分是一道痊癒了的傷疤，不會再痕再癢，但原來是一顆種子，遇上合適氣候就會再萌芽。回港唸神學就像戒毒，直到數年前遇上現任女友，我不再自欺欺人。在丈夫和家人面前出櫃，但結果是妹妹因此不與我接近，姊姊患上抑鬱。」

「對女兒卻於心有愧，我後悔把她生下來，她不應該有一個同志母親。女兒一直憧憬，母親是長髮穿長裙，現實卻是相反。待女兒年紀漸長，就會向她說出真相，『如果她不接受，我會尊重她』。」

「我很想問上帝，為何我是同志？」出櫃至今，生命像被吞噬，拋夫棄女，受萬般指摘，我不應該進入異性婚姻。最希望有一天，我能聽到女兒說：「媽咪，無論你如何，我都好愛你！」

這兩個故事帶出一連串道德問題。第一，她們不必然要按其性傾向和性欲需要而發展同性戀關係和同性性行爲。她們不是沒有選擇，反而像異性戀者一樣，她們可選擇禁欲。第二，第二個故事是一個婚外情故事和一個對自己家人不忠的故事多於一個眞誠面對自己的故事。

禁欲是一個選擇，我也認識有同性戀者選擇禁欲。但我們如何理解禁欲？禁欲是否解決性欲有效的方法？對這課題，保羅提出他的個人見解。首先，他認爲禁欲和獨身是基督徒最好的選擇，但他仍體諒有些兄弟的處境，以致他說，有人「欲火攻心，倒不如嫁娶爲妙。」（哥林多前書七章9節）要留意的是，保羅從沒有提及婚姻的性愛是與生養孩子有關，反而只視性爲滿足或限制性欲。[20] 禁欲應是信徒的選擇，而婚姻卻是無奈的選擇。明顯地，保羅的教導是與初期教會強烈的終末論有關。初期教會的做法對當時社會的家庭觀念是具有顚覆性的，因爲家庭不再由婚姻和血緣組成，反而因耶穌基督的救贖而來。然而，當強烈的終末論逐漸消失下，第二世紀中後期的信徒不再接受保羅的教導，反而視獨身爲比婚姻更高尚的基督徒生活選擇。當獨身成爲更高尚的基督徒生活時，滿足或限制性欲的婚姻就少被提及，反而將婚姻與家庭捆綁在一起討論。

問題是：爲何只有同性戀者被要求爲了追求更高尚的基督徒生活而禁欲？爲何對異性戀者沒有這要求，反而祝福爲滿足他們的性欲需要的婚姻？爲何異性戀者就有公眾認受的方法處理其性欲，但同性戀者就沒有？難道異性戀者的性欲比同性戀者的性欲更難應付？或許，問題核心之一是同性性行爲早已被視爲罪，所以，適用在異性戀者處理性欲的方法並不適用在同性戀者身上。說回來，很多同性戀基督徒朋友分享他們如何在同性戀關係中經歷上主的恩典臨在他們身上，又如何在同性戀關係中忠於上主和帶有喜樂地事奉上主。[21] 若他們的分享不是謊言，禁欲便不必然是同性戀者應要有的選擇，而只是其中一個選擇。像彼得與哥尼流相遇後，我們是否也可以像彼得那樣驚訝地說：「這些人既受了聖靈，與我們一樣，誰能禁止用水給他們施洗呢？」（使徒行傳十章 47 節）

至於第二個故事，這純是一樁婚外情事件還是一件因社會歧視同性戀者而製造出來的悲劇？在中國，男同性戀者的「同妻」現象已說明這是社會不認同同性戀而產生的社會悲劇。這悲劇不但是對他們自己而言，更對他們的妻子欠缺公平。簡單來說，同妻是男同性戀者選擇與異性結婚，因爲這被視爲正常，也能滿足父母的期望。根據張北川估計，男同性戀者與異性結婚的有一千六百萬人。離開或瞞住伴侶與另一個同性的人走在一起始終是對自己的伴侶不忠，傷害了對方，這是無法開脫的錯誤，但這錯誤眞是不可諒解的嗎？這需要我們走出是與非以外看待這事。說到底，在我面前的她們，不是一個道德課題，而是一個一個的生命，我關心她們如何能健康地活出她們的人生，如何再能被她們的家人擁抱。縱使我們不應將她們的遭遇普遍化，但有不少同性戀者卻有相類似的經驗。[22] 她們的個人敍事向我們揭示同性戀者生命的掙扎，但她們的掙扎不只是一個待解決的問題，更可以是生命的靈光，呼喚聆聽者的正常感情。

有反對同性性行爲者認爲，若同性戀者選擇靜悄悄地生活的話，社會不會阻止他們。爲甚麼同性戀者那麼著緊要公開表明身分？反對者忽略了同性戀者的「出櫃」是因爲他們對「所屬」（a sense of belonging）的需要，而這需要是人最基本的。用本文的詞彙，所屬的需要就是渴望成爲屬於這社羣的敍事。對所屬的需要不是隨便一種社會接觸，而是一種正面和友善的社會接觸。[23] 健康的所屬感覺爲人帶來安全感、關懷和尊嚴。相反，很多負面的心理和社會行爲（包括精神病、犯法傾向和社會孤立）多來自缺乏所屬的感覺。[24] 以上兩個故事帶出她們渴望她們的同性戀身分會被家人、教會和社會接納，這是基本的人權，不應被剝奪。所以，當同性戀者被批評爲敗壞社會風氣、破壞家庭制度，甚至被指控爲濫交和愛滋病成因之一時，他們被他們所屬的社會徹底地排斥了。問題不是同性戀者是否要改變其性行爲才可獲得他們所屬的家庭、工作單位和社會接納，相反他們應該得到接納是因他們由始至終就是這家庭和社會的一分子！所以，問題不是他們要靜悄悄地生活，與異性戀者互不相干，而是如何打破社會排斥，肯定他們是社會的一分子。

即使建立了一個讓人有所屬感覺的家庭和社會，也不等於同性戀者就不會再有掙扎。如劉小楓說，弄清道德困難不等於道德問題解決了，每個人終究要面對「我該怎麼辦？」。所以，建立一個包容和友善的社會，只不過讓每個人更有資源面對自己生命的挑戰。按上面所說，所屬的需要是同性戀者最關心的課題之一。因此，同性戀者爭取的平權是建立歸屬感必須踏出的第一步。這與個人主義高漲沒有必然關係，也不牽涉濫用權利。同性戀平權運動不是正如反對者認爲的，他們的目的是要推翻社會秩序，相反其中有些人很珍惜社會關係，努力追求更友善和更包容的社會。最後，讓我分享另一位同性戀基督徒的個人故事：

> 作為同性戀者，你不可以單方面要求別人去了解你，要求別人給你權益，是不行的。如果你真的以自己作為同性戀者為榮，你要實踐一些令社會榮耀的事，要對自己的行為負責。活著要活得問心無愧、無悔，即使荊棘滿途，同志也要活得磊落誠摯，要自己活著的人生是正直的、光榮的，於我而言，就是努力工作，尊重愛護父母，關心社會上缺乏的人。一個人活在這個社會，無論是 gay or straight，必須有一份責任。作為一個有 Gay Pride 的人，你要在社會作榜樣。[25]

縱使可能因其同性戀身分而受歧視，但有同性戀者仍努力活得美和活得正直，拒絕只以受害者身分認識自己。

六

邁向差異倫理

基於以上對行動、敍事和同性戀者故事等理解，將男性同性性行爲只約化爲肛交，是嚴重扭曲了同性戀者的經驗。相反，同性戀者要求我們聆聽他們的個人敍事，並檢視我們所屬社羣的敍事。那麼，我們可以從甚麼倫理理論討論同性戀？我認爲「差異倫理」是一個合適的進路。

簡單來說，差異倫理不是一種相對主義，而是承認社會的多元，並要求我們以尊重、溝通、開放和自我批判等態度處理彼此的差異。這是一種有價值的多元主義。雖然溝通過程不必然會導致哈伯瑪斯（Jürgen Habermas）所講的共識，但這是一個難得相互批判的機會，讓我們意識到各自的不同，並走出自己的限制。在差異倫理下，以原則主義出現的道德普世性受到嚴重的挑戰。第一，普世性可能只是某一敍事的霸道或爲某一社羣服務，甚至以普世性的神話製造排他性。第二，普世性可以是一種互不相干的陌生人倫理，因爲它所關心的是如何評價和邁向共同原則。縱使在哈伯瑪斯的溝通理論下，溝通者並沒有聆聽彼此的敍事。對方只是一個論點，而不是「具體的他者」（concrete others）。又縱使在社會契約理論下，道德普世性的基礎並非沒有考慮個人敍事（例如，羅斯〔John Rawls〕的無知之幕〔veil of ignorance〕），但社會契約理論的個人敍事是沒有身分的。社會契約的人際關係是陌生人的關係。這與差異倫理所強調由尊重、溝通和開放建立的人際關係並不相同。另一方面，差異倫理不是一種部落主義（tribalism），因爲部落主義只是普世主義的反面。差異倫理肯定我們每一種經驗、每一種語言、每一個文化都是獨特的，並承認現有的系統不足以分類和解釋一切。那麼，強調差異倫理是否必然拒絕以社羣爲基礎的敍事倫理？例如，婦女主義者韋殊（Sharon Welch）就認爲社羣倫理傾向排他性和控制性，因爲它本是一種有關對控制的夢想。[26] 她不贊同麥金泰的分析，並認爲當下文化的破壞不是因缺乏共同道德觀，而是沒有能力和意願接受對差異的寬容。她說：

> 相對於麥金泰，我認為我們這時代的道德災難不是因為缺乏共同道德準則，而是很多社羣沒有能力去學習或接受對他們的全面批判……我認為亞里士多德之所以維護奴隸合理性是我們社會最危險的事：即我們假設我們自己的社羣和社會階層對道德判斷有優先性，而其他社羣則缺乏相同的優先。[27]

雖然韋殊對社羣敍事有很大程度的保留，但她沒有排除大眾需要社羣。她清楚地說，人不可以孤獨地實踐道德，[28]人需要一個愛的社羣。她補充說，這愛的社羣不是建基於擁有共同的道德準則，而是在於一起反對破壞人的尊嚴和生命的多樣性。這愛的社羣是以憐憫、愛、同在、慶祝差異和尋求醫治共處的。[29]從此看來，這已是一種社羣敍事了，但這社羣敍事又不必然陷於她對社羣敍事的批評。

說回來，同性性行爲是否可以被視爲差異倫理還是與差異無關？若同性性行爲本身是邪惡的和不道德的，這就與差異倫理無關。這又回到本文起初的討論。有社羣不接受同性性行爲，但這是基於他們所屬的是社羣敍事，多過是人類共同敍事。例如，天主教會反對同性性行爲是基於其神學理由多過是人類共同敍事的理由。[30]天主教會可以視它的理解爲絕對，但其絕對性（absoluteness）不等於普世性。正如我對自己兒女有絕對責任，但這不等同我對天下所有孩子都有相同的絕對責任。絕對性本身也有其敍事。另一方面，當下已有其他敍事對同性性行爲採取接納的態度，其中包括醫學敍事、心理學敍事等。那麼，我們如何面對異性戀與同性戀的差異？差異倫理要求溝通和尊重，尋求共同生活的可能。第一，溝通不純是批判性地交換意見，更要感受對方的感受和認識自己的感受。溝通者是人與人的相遇，而不只是理念交流。第二，溝通需要在平等和尊重下進行，但不要假設平等已存在。第三，溝通者要意識到影響他們各自的社羣敍事，並有自我反省的能力和願意開放。然而，溝通不必然達至共識，所以，妥協是必須的。妥協不一定等於讓步，更可以不讓步，但卻尊重對方，甚至維護對方基本的權利。妥協不是出賣自己的立場，而是一種寬容德性。

寬容暗示，雖然甲方對乙方的行爲持負面的立場或認爲對方的行爲是錯誤的，而甲方又有權力阻止乙方的行爲，但甲方願意克制自身的權力，選擇不去阻止乙方的行爲，讓乙方繼續有其生活。甲方之所以願意寬容可以是基於政治或個人利益考慮。若基於這些原因，寬容不是一種德性，而是一種手段。相反，若寬容是因寬容者對人自主的尊重、對和平的投入（不選擇暴力），並謙虛地承認自己對關注的議題不完全認識時，寬容便是德性。寬容之所以是德性，因爲它自限權力。有別於縱容，德性的寬容以尊重人的自主性爲主；有別於膽怯，德性的寬容不懼怕衝突，甚至德性的寬容者要有勇氣站起來反對邪惡，但拒絕將對方「魔鬼化」。有別於對眞理漠不關心，德性的寬容不是相對主義，反而相信在寬容中，我們有更多空間探討眞理。寬容徘徊在相對主義與教條主義中，但不陷在兩者極端中。這就是亞里士多德（Aristotle）所說的中庸（mean）。寬容鼓勵以理性、勸說、尊重和爲他者利益等彼此共處。事實上，只有德性的寬容，社會的差異才會被容許，坦誠和理性的討論才會被鼓勵，所屬感才會被肯定。

按以上理解，寬容牽涉一方比另一方有更大的權力，以致有更大權力的一方選擇向比他弱的一方寬容。就當下同性戀的討論，到底反對者還是支持者是弱勢的一羣？從當下社會處境來看，同性戀者是弱勢的一羣，因爲他們確實面對生活不同層面的歧視，所以社會應以寬容的態度對待同性戀者。然而，反對者卻指他們才是弱勢者，因爲社會的同情已站在同性戀者的一邊，並以「逆向歧視」反控訴社會逼使他們因反對同性性行爲而承受極可能發生的壓迫和指責。簡單來說，「逆向歧視」指不認同同性戀權利的人被剝奪他們不認同的權利和立場。德性的寬容並不需要在完全界定誰是有權者和弱勢者之下才可以實踐，反而因德性緣故，有德性的一方願爲對方多走一步。縱使同性戀者並不認同反對他們的人抱持的立場，同性戀者也應對他們寬容，尊重他們的立場；同樣，反對者也應對同性戀者寬容，不製造敵視氣氛。寬容減少恐懼，讓不同生命眞實相遇。

然而，寬容可以是虛僞的。第一，虛僞的寬容透過寬容加強寬容者所建構的論述，並藉寬容將被寬容者進一步邊緣化。例如，當寬容者以高姿態強調要對同性戀者寬容時，他的行動也同時不斷強化同性戀是錯誤的，因爲只有錯誤者才需要被寬容。結果，被寬容者進一步被標籤。第二，虛僞的寬容是一種以寬容者的視野作主導，而非考慮被寬容者是否有足夠條件去表達他們對事物與生活的期望，並擁有與他人交流分享的機會。例如，寬容者接受或支持同性戀非刑事化，並不是因爲他們希望被寬容者可以有更好的條件去生活和參與社會，而是因爲他們認爲非刑事化與否並沒有影響他們的生活。所以，當他們的生活受到影響時，寬容者就收起寬容了。第三，虛僞的寬容沒有徹底地反省社會建構，而只處理表面形式。例如，將寬容等同於容許同性戀者擁有與異性戀者同等的權利，結果，被寬容者以分享寬容者的生活形態爲目標，但卻失去了自己的差異，失去了自己的生活形態。對虛假的寬容，齊澤克（Slavoj Žižek）說：

> 今天，對他者的自由主義式的寬容、對他者的尊重及開放性，正被一種對騷擾產生偏執式的恐懼所纏繞著。簡言之，他者（other）完全不是問題——只要他的出現不打擾我，只要這個他者並非真正的另一

> 個（really other）……我對他者的寬容責任，實際上意味著我不應該太接近他，不應該入侵他的空間。換言之，他不能容忍我與他過度親近，對此，我應該尊重他。[31]

查斯（Jonathan Sacks）說：「我們在陌生人臉上遇見上主。我相信這是希伯來聖經對倫理給予單一的，最大和最違反直覺的貢獻。」[32] 差異倫理的基礎不是一種策略，而是一份對生命的驚訝、尊重和謙卑，並由此爲對方製造空間。

七
基督宗教的敘事

以上嘗試從在脈絡的行動、社羣與個人敘事和差異倫理等面向理解同性性行爲。那麼，以上討論可以如何幫助我們思考和重構基督宗教對同性戀者的敘事？我們要承認基督宗教敘事是一元與多元的事實。因教會體制的不同，天主教和正教會有其官方立場，但基督教的立場則相對地多元。我所屬的信義會傳統對同性戀就有不同看法。[33] 美國福音信義會（Evangelical Lutheran Church in America）經過十年全面的討論，最終接受和按立同性戀信徒爲牧師，但美國威斯康辛洲（Wisconsin）信義會卻認爲同性性行爲違反聖經，而華人信義會基本上不接納同性性行爲。面對基督宗教敘事的一元與多元時，奧爾森（Roger E. Olson）將基督宗教信仰分爲教理（dogma）、教義（doctrine）和意見（opinions）。教理是基督宗教本身不可或缺的信念，例如，上主是愛和上主道成肉身等。教義是次要的信念。教義對某個基督徒團體的傳統是重要的，但於基督宗教本身卻並非不可或缺。例如，有些教會堅持以變質說來理解聖餐，但有些教會只看聖餐爲一種紀念。至於意見，這是沒有一致的基督宗教立場，聖經並無教導，而它也沒有觸及福音本身。[34] 然而，劃分教理與教義並不如想像中容易。例子之一，福音派傾向將聖經視爲最基本的信仰資源，甚至將某一種對聖經詮釋視爲教理之一，但其他教會傳統卻有不同看法。[35] 至於同性性行爲一事，有教會認爲完全不可能接受，但有教會卻持相反觀點。前者認爲這屬於教理，所以，若有教會接受同性性行爲就是離開基督宗教信仰；但後者認爲這屬於教義，所以，它接受反對和認同同性性行爲可以並存。按本文討論，這裏所謂的教理和教義，其基礎是敘事。侯活士（Stanley Hauerwas）說：「敘事模式既不是純粹伴隨著基督教的信念而來的，也不是偶然的。再沒有比故事更根本的方式來談論上主。」[36] 上主是在人類歷史中，並參與人類歷史，向我們啓示祂是誰，而不是隱密地傳遞一些爲人所不知的資訊。[37] 猶太人從上主拯救他們出埃及而經歷上主，所以世世代代的猶太人都要述說這被拯救的故事（申命記六章 16 ～ 25 節）。至於基督徒，我們從道成肉身的耶穌基督認識和經歷上主。耶穌基督一生向我們啓示上主自己，而不是向我們啓示教理。教理和教義後於上主與我們的相遇，而且教理和教義只是整理我們在上主中的經歷，不可代替上主與我們相遇。雖是如此，但教理和教義的重要性在於它們提供了我們對上主認識的基礎，而不是限制了上主。相對來說，以敘事來認識基督宗教比教理和教義有更大空間，容許差異和討論。如班雅明說，聆聽故事者回饋了自己的人生給說故事的人，這有如滿足耶穌基督敘事的缺乏（歌羅西書一章 24 節）。近五十多年來處境神學的發展就是很好的例子。它不是以教理和教義作起點，反看重人的經驗。在聆聽上主故事時，配合以人的經驗檢視教理和教義的合適性，並重說耶穌基督與我們相遇的故事。[38] 那麼，耶穌基督的故事是一個怎麼樣的故事？

首先，本文已陳述了數個同性戀者的故事。韋殊提醒我們眞實的對話不是基於哈伯瑪斯所強調的邏輯理性，而是基於豐富的敍事。[39] 敍事不是對立於邏輯理性，因爲敍事也是一種理性。敍事要求我們要投入感性和理性，也要求我們跟當事人相遇。至於基督徒，我們需要聆聽上主在耶穌基督裏的敍事。耶穌基督敍事的核心是甚麼？不同時代的基督徒都要回答這個問題，並有不同詮釋。普世基督教協會（World Council of Churches）在二十一世紀以「復和」作爲認識耶穌基督的敍事。[40] 教會被耶穌基督復和的敍事所塑造，也被呼喚參與勸人與上主和好的職分（哥林多後書五章 17 ～ 20 節），並以各自不同場景詮釋和重演這復和的敍事。上主帶來的復和打破人際關係中的標籤和破壞性。侯活士說：

> 耶穌接受「不潔淨」的人，讓我們看到耶穌對上主主權的理解，祂如何對法利賽人的理解作出挑戰。這種開放性指出：由國度所創造出來的羣體，不能為保護自己而逃避外人，卻是必須相信上主甚至會與不潔淨的人同在；他們之所以有這把握，只因這羣體本身，正是因耶穌基督這終極的陌生人（ultimate stranger）的同在所塑造出來的。[41]
>
> 耶穌與其他人的關係，也揭示出這種已臨在的國度。耶穌沒有嘗試保守自己的「潔淨」，祂享受與貧窮人和被棄絕的人同席吃飯。此外，耶穌用飯並不限於一時一地，而是即興發生的相交，以指出上主國是

> 願意接待客旅的（hospitality）。[42]

耶穌基督的復和故事就是一個友誼邀請的故事。祂主動地與陌生人相遇，並歡迎陌生人。外邦人和閹人也受洗了（徒八章 26 ～ 40 節），並與猶太人共同是上主的兒女。按摩西律法（申二十三章 1 節），閹人不可入耶和華的會，但在耶穌基督的救贖下，人「不再分猶太人或希臘人，不再分爲奴的自主的，不再分男的女的，因爲你們在基督耶穌裏都成爲一了」（加拉太書三章 28 節；《和合本修訂版》）。這是復和的普世性，沒有人被排斥。復和不是上主救贖的過程，而是創造的目的。格至（Cecilia Clegg）說：

> 若我們透過擁抱這隱喻去檢視上主創造的行動時，我們可以說，在上主的繼續創造中，上主走出去，讓世界與祂和好，等候那些回應的，並釋放他們出去。在這理解下，道成肉身這事件正是上主出去與世界和好，藉著人的意識和非意識，被上主擁抱和釋放。
>
> 這樣，復和是那必須的架構和過程，讓宇宙萬物進入與上主有積極和有生命存在的關係。這正是創造的目的，而在此刻，創造秩序和救贖秩序重疊了。[43]

復和是一種宗教德性，因爲基督徒相信這行爲是耶穌對祂的門徒的要求。復和是一種很特別的愛和恩典，因爲復和是上主其中一個方法讓人不只與上主建立關係，更參與上主的生命本質。復和是一種社會德性，因爲它要求我們有責任克服那分割我們和使我們對立的偏見，讓我們能活出內在於人類本相的社交性。[44] 教會就是繼續重說和重演這復和的故事。本文提及的「所屬感」就是某程度對復和的體現，而差異倫理更是邁向復和的必要條件，甚至是復和的內容。那麼，教會如何看待同性性行爲？同性戀者屬於外邦人和閹人（即被視爲陌生人和不聖潔）嗎？他們屬於爲奴的和女性的一類嗎（即社會身分和自我身分）？又或他們屬於罪惡的一羣？

八 創造、救贖與新創造

就著同性性行爲，其中的討論主要集中在以下聖經經文，即利未記十八章22節，二十章13節；羅馬書一章26至27節；哥林多前書六章9節；提摩太前書一章10節。但至今，我們對這幾段經文的理解並沒有一致看法，其中包括聖經對同性戀的理解是否跟我們今天的理解一樣，如何理解希伯來聖經和保羅禁止同性性行爲的原因。[45] 除此之外，如何應用聖經處理倫理也存在不同理解。雖是如此，但假若聖經敍事是基督宗教信仰的重要資源，我認爲我們須要將這幾段經文放在一個更大的聖經脈絡下來理解，而這脈絡就是上主的創造、救贖和從救贖而來的新創造。

A. 創造

聖經中存在很多不同創造故事（例如詩篇一百一十篇和箴言八章），以下我只引用創世記的創造故事。按創世記一至三章，第一個創造故事強調人的性跟生育有密切關係，並且人的性是在某種秩序下來理解。這理解跟猶太人亡國和歸回有關，因爲他們需要更多人，讓他們的民族存在。第二個創造故事相對地強調人的性跟親密性有密切關係，生育不是它的關注。縱使這親密性是以異性關係出現，但這不是用來否定同性關係。馮煒文在其〈一夫一妻的聖經神學——就同性爭議的一些讀經心得〉提出一個很有意思的解讀（留意：聖經學者不會贊同馮氏的閱讀，因爲男女平等從來不是希伯來聖經的觀念）：

> 一夫一妻的婚姻價值，一夫一妻的主張，是要來抗衡一夫多妻、一夫多妾的制度。「人要離開父母，與妻子連合」，也是抗拒父權霸道，老人治家的文化習俗。當時的族長家主掌握妻子及成年兒女的生死宗教經濟大權。一夫一妻的教誨就是要建立一個新文化，年輕夫婦要離開父母， 二人共同努力，營造自立自主的家庭。聖經裏一夫一妻的主張，從來都不是用來反對同志平權的努力。
>
> 聖經主張一夫一妻，是要提倡男女平等、尊重女性、保護女權這些價值。它的目的，從來都不是反對同性關係和同志平權。把這美好的教導用作來反同，是藉口，是曲解聖經，對神的話不敬。用現代的學術説法，是偷換概念，不是做學問的正道。
>
> 上述的詮釋有福音書的支持。在有關婚姻及家庭的訓誨中，耶穌秉承創世記的主張，就是男女平等，尊重女性，維護女權。並且在一個有關家庭的重要範疇，耶穌更作出突破。耶穌有關婚姻及家庭的教導不多，但在福音書中的記載，線路十分清晰。

> 「有法利賽人來問他(耶穌)說:人休妻可以不可以,意思要試探他。耶穌回答說……神配合的,人不可以分開……凡休妻另娶的,就是犯姦淫,辜負他的妻子。」(可十2～12)。在男尊女卑的社會,丈夫一紙便可休妻。耶穌這句話擲地有聲。在這裏他重複創世記的一夫一妻婚姻的價值在乎男女平等,尊重婦女。[46]

經驗告訴我們,異性戀關係與親密性沒有必然關聯。按第二個創造故事,這親密性是從「獨居不好」和「配偶幫助他」來理解(不是爲了生育),而這絕不應只限於異性關係。就著這兩個創造故事,他們不必然是互補的,反而可以是對抗的,即第二個創造故事不滿意第一個創造故事只從生育理解性。現實是,當下基督教教會的教導已較少從第一個創造故事講人的性,反而重點已移去第二個創造故事的親密關係。若同性性行爲被指爲違反自然和缺憾是因其不能生育的話,這已不是基督教會所堅持了。另一方面,若親密關係才是重點時,問題不是異性戀者或同性戀者才可以進入親密關係,而是進入親密關係的人應要有怎樣的德性。就此,花莉(Margaret A. Farley)提出公義的性關係須要建立在:(1)不傷害對方;(2)自由的承諾;(3)相互性;(4)平等;(5)委身於對方;(6)豐富性;和(7)社會公義等價值上。[47] 按花莉對親密關係的理解,同性戀者和異性戀者都沒有優勝,反而他們都要努力建立公義的性關係。

B. 救贖

至於上主的救贖,我們可以留意耶穌基督帶來的復和如何展現在人與人之間的相處:[48]

使徒和在猶太全境的信徒們聽見了有些外邦人也接受上帝的道這件事。因此，當彼得到了耶路撒冷的時候，主張外邦人也必須領受割禮的人批評他說：「你竟在沒有受割禮的外邦人家裏作客，甚至跟他們一起吃飯！」彼得就把整個事情的經過一一向他們解釋。他說：「在約帕城裏禱告的時候，我得到一個異象。我看見有一件東西從天上降下來，好像一大塊布，布的四角綁住，停落在我身邊；我仔細察看，裏面有飛禽走獸，又有爬蟲。接著，我聽見有聲音對我說：『彼得，起來，宰了吃！』我說：『主啊，絕對不可！任何污穢不潔的東西，我都沒有吃過。』從天上來的聲音又說：『上帝認為潔淨的，你不可當作污穢。』這樣一連三次。最後，那件東西就被收回天上去了。剛好在這時候，奉派從凱撒利亞來找我的三個人到了我居住那家的門口。

聖靈指示我跟他們一道去，不必猶疑。從約帕來的六個信徒也跟我一道去。我們都到了哥尼流家裏。哥尼流告訴我們，他怎樣看見一個天使站在他的屋子裏，對他說：『你要打發人到約帕去，邀請一個名叫西門．彼得的人來。他有話要對你說，使你和你的全家得救。』當我開始講話的時候，聖靈降臨在他們身上，正如當初降臨在我們身上一樣。於是我記起主曾經說過：『約翰用水施洗，但你們要領受聖靈的洗禮。』很顯然地，上帝把這恩賜也賜給這些外邦人，如同我們信了主耶穌基督時，他賜給我們的一樣。我是誰，能夠阻擋上帝的工作嗎？」他們聽見了這話，就不再批評，都頌讚上帝說：「上帝把因悔改而得生命的機會也賜給外邦人了！」（徒十一章1～18節；《現代中文譯本修訂版》）

從彼得與哥尼流的對話中，我們看出當時猶太人信徒認爲：（1）猶太人不應該與外邦人一同吃飯，因爲外邦人的烹調方法極之可能違背摩西律法（徒十一章3節）；（2）上主的救恩與外邦人沒有關係，因爲彌賽亞是猶太人的彌賽亞（十一18）；（3）與外邦人親近往來都是危險的，因爲外邦人的世俗會將猶太人的潔淨污濁了（十28）。要改變猶太人信徒對外邦人的偏見並不容易，因爲外邦人已被標籤。從故事中，我們得知彼得願意接納外邦人，並相信上主的救恩也臨到他們身上，非來自他的自我醒覺，而是來自不同的接觸，並從中產生對自己固有既定的思想作出挑戰。第一個挑戰，是上主以不同活物可作爲食物的異象挑戰彼得對潔淨與不潔淨的看法。彼得拒絕吃這些活物並沒有錯，因爲這是摩西律法的吩咐，而摩西律法就是上主律法。然而，上主在異象中向彼得的吩咐卻是違反了祂曾對摩西的吩咐，對一個謹守摩西律法的人，這挑戰並不容易接受。不但因爲吃某些動物並非他的習慣，更因爲生疑哪一個吩咐才是上主的意思。彼得面對思想的挑戰就正如當時的人面對耶穌的教訓一樣，即耶穌每一次說「我實實在在告訴你」都存在對摩西律法和上主律法的挑戰。縱使聖經（律法書）是對上主的接納、拒絕和更新一個重要提示，但上主的吩咐不等於聖經（律法書），反而當耶穌呼召時，這是一個恩典事件，超越律法與恩典的分別。祂呼召我們單單連繫於祂。這是一個恩典的呼召，而不是一個法律式的規則。對於基督教倫理方法，潘霍華（Dietrich Bonhoeffer）說：

> 負責任的人注意他們的具體鄰舍在其具體現實。他們的行動不是預先決定，也不是一個永恆的原則，但在具體處境下發展出來……他們尋求理解，並遵行那些是必須的，或在這具體處境下的上主吩咐。[49]

第二個挑戰，就是直接與外邦人接觸。只有透過放下前設，我們才可真的認識他者。然而，人不可能沒有前設，否則，人就不可能與人交往，與世界接觸。因此，一顆開放的心靈尤其重要。開放的心靈就是將自己放下，讓自己被接觸和挑戰。當彼得願意踏出第一步面對面接觸外邦人時，他才發現外邦人中有義人，上主藉著天使也向外邦人宣講，並且外邦人的禱告會被上主垂聽。這接觸改變了他對外邦人的偏見。事實上，人對其他人的偏見往往來自不願意與他人接觸。又縱使接觸，也不願意以開放的心靈聆聽。結果，對方仍只是一個由我決定的他者，而不是向我說話的他者。

第三個挑戰，就是看見上主在外邦人身上的工作。起初，彼得以為聖靈只許降臨在他們猶太人身上，但他發現聖靈也降臨在外邦人身上。他說：「這些人既受了聖靈，與我們一樣，誰能禁止用水給他們施洗呢？」（徒十章47節）對大部分猶太基督徒來說，聖靈的工作必然按一定規律而他們以為已經掌握了，但聖靈是自由的靈，以致祂的工作超乎人的思維和預計。人需要謙卑，為聖靈的工作感謝，而非決定聖靈的工作。透過這三個層面的挑戰，帶有偏見的彼得終於放下他對外邦人的看法，接受外邦人也可以成為信徒。

彼得的敍事不是討論同性戀，但這敍事有助我們思考對同性戀的理解，因為敍事的應用關乎類比（analogy）。[50] 一方面，我們可以試想像將外邦人或不潔淨的活物換上同性戀者。在摩西律法下，同性性行為是被上主拒絕，但在上主恩典下，上主的靈也降臨在同性戀者身上。事實上，這也是我跟很多同性戀基督徒相遇下的體會。像彼得一樣，這經驗要求我們需要重新認識上主的恩典和愛與同性戀者的關係。另一方面，同性戀基督徒在彼得的故事中，發現了自己就是哥尼流。他們認真地對待信仰，過著敬虔生活，也經歷上主恩典，但卻因他們是同性戀者而被教會排斥了。然而，上主沒有遺棄他們，反而用不同方法堅固他們。那麼，有誰像彼得有這樣勇氣說：

> 我真看出上帝是不偏待人。原來，各國中那敬畏主、行義的人都是為主所悅納。（徒十章34節）

我會以陌生人來描述同性戀者，因爲基本上，同性戀是超乎作爲異性戀者的我之認識。這邏輯也應用在同性戀者對作爲異性戀者的我之看法。面對作爲陌生人的同性戀者，耶穌基督的復和敘事呼喚我們有自由和勇氣走出既定框框，向他們開放，也讓我們被他們接觸（其中包括聆聽他們的故事），甚至相信陌生人可以是天使（來十三章2節），成爲我們生命的靈光。

C. 新創造

耶穌基督的救贖不僅帶來人與上主、人與人，並與萬物的復和，更創造新的社羣。耶穌說：

> 無論甚麼人到我這裏來，若不愛我勝過愛自己的父母、妻子、兒女、兄弟、姊妹，甚至自己的性命，就不能作我的門徒。（路十四章26節；《和合本修訂版》）

> 又有一個門徒對耶穌說：「主啊，容許我先回去埋葬我的父親。」耶穌說：「讓死人埋葬他們的死人。你跟從我吧！」（太八章21～

> 22 節；《和合本修訂版》）
>
> 因為我來是要叫「人與父親對立，女兒與母親對立，媳婦與婆婆對立。人的仇敵就是自己家裏的人。」（太十章35～36節；《和合本修訂版》）
>
> 那時，耶穌的母親和他兄弟來，站在外邊，打發人去叫他。有許多人在耶穌周圍坐著，他們就告訴他說：「看哪！你母親、你兄弟和你姊妹在外邊找你。」耶穌回答他們：「誰是我的母親？誰是我的兄弟？」就環視那周圍坐著的人，說：「看哪，我的母親，我的兄弟！凡遵行上帝旨意的人就是我的兄弟姊妹和母親。」（可三章31～35節；《和合本修訂版》）

「耶穌運動」是由社會邊緣的人所組成，他們不但挑戰當地社會的宗教和政治權威，更衝擊當時的家庭實踐。對參與耶穌運動的人來說，耶穌運動就是新家庭。透過對其領袖的效忠，他們相信天父保守他們，並在彌賽亞來的日子，他們將受祝福。耶穌受死和復活後，跟隨者就以新家庭形式出現。保羅以兄弟相稱這新社羣內的成員，並認爲這些新兄弟是亞伯拉罕眞正的後嗣。這新家庭之組成是基於與耶穌基督的關係，打破舊有家庭制度中倚賴的親族、血緣和婚姻關係。按當時羅馬、希臘和猶太文化，他們強調種族間彼此的不同，禁止通婚，甚至一同聚餐也不可，但如今在耶穌基督的救贖下，受割禮的和未受割禮的、希臘人和猶太人、奴隸和自由人都成爲一家人了。這新家庭不是要推翻舊有家庭模式（耶穌並沒有反對一男一女婚姻關係），而是倚賴婚姻建立的舊有家庭模式不是惟一的模式。事實上，在舊有家庭模式下，婚姻可以成爲一種政治工具，甚至經濟交易，並強化一種父權奴隸式的家庭關係。[51] 那麼，拯救家庭的重點不必然是維繫某一種模式，而是走出父權奴隸式的家庭，讓不同人都可以經歷家庭中的愛。然而，蘿特（R. R. Ruether）指出初期教會領袖擔心這新家庭的教導將失去對女人、青年和奴隸的控制，更忌憚它對社會制度的挑戰，以致他們最終選擇將耶穌基督運動的新家庭實踐靈意化，回復在創造秩序下的父權奴隸式家庭關係的基本性，並將新家庭放在上主國來臨那一刻。

說回來，同性戀是否破壞家庭？甚麼才是最破壞家庭？對於第一個問題，若家庭只可以由一夫一妻所建立的話，同性關係就必然是破壞家庭。但要留意的是，同性關係所破壞的是某形式的家庭制度，而不是家庭關係。具有某種形式的家庭制度絕不保證有良好的家庭關係。那麼，同性關係所謂的破壞其實是一種積極性挑戰。此外，支持同性關係與支持同性婚姻和領養孩子不須要作捆綁式討論。例如，支持同性關係可以以「民事聯合」（civil union）形式出現。如以上討論，耶穌基督運動就是要反某形式的家庭制度，而祂所珍惜的是家庭關係。查實，對家庭關係破壞最大的嫌犯是低工資、長工作時間、醫療福利不足、經濟主義主導的教育、社會歧視等弊病。所以，任何高舉維護家庭價值的組織需要走出家庭形式主義，將其精力集中批判存在於社會制度和文化內破壞家庭關係的因素。

回到本文起初的討論，我一直關心的是同性戀者「所屬」的需要，而這是人最基本的需要。從以上對基督宗教的創造、救贖和新創造敍事中，我個人認爲基督宗教沒有拒絕同性戀者，反而同性戀者可以在基督宗教內經驗到所屬，因爲上主潔淨他們如同潔淨異性戀者一樣。不但如此，上主更創造新的家庭，走出某種家庭形式主義，讓不同人和家庭模式都可以從家庭中經歷愛、尊重、承擔和寬恕等等。靠著上主恩典，我們眾人被吩咐要以公義的性相待。至於聖經中有關反對同性性行爲的經文又如何理解？我個人認爲重點不只是如何正確理解這些經文（不同學者對這些經文有不同理解），應是在如何運用這些經文在當下的倫理生活上。我認爲後者的課題比前者更大。因篇幅所限，我不能在此深入討論。例如，大衛斯（Eryl W. Davies）就整理出五種方法來處理聖經中的不道德課題，分別爲進化方法、文化相對方法、正典方法、範式方法和讀者回應方法。[52] 他沒有嘗試從中整理出一種超越方法，反而承認各種方法都有其強弱處。或許，我們的態度不是建立一套普世性的詮釋理論，而是堅持地將我們的倫理課題帶回聖經中。面對聖經與我們對道德理解的矛盾時，我們要承認在世界終末前，不可能完成解答。我們只有保持對上主敬畏的態度，謙卑地聆聽上主的言語和人的言語，讓聖靈引導，並忠誠地和負責任地生活。

九
相似多於不似

那些爲上主國緣故而不進入同性性行爲關係，並靠著上主轉化他們生命（例如，改變性傾向、禁欲）的同性戀信徒見證他們所屬敍事的眞實。同樣，那些靠著上主而有勇氣出櫃，並忠誠於伴侶關係的同性戀信徒也見證上主的恩典與救贖。[53] 哪個敍事才是眞實的基督宗教敍事？我不認爲這兩個不同的敍事必然以你死我存的態度相遇，反而在耶穌基督復和的敍事下，這兩個不同敍事都可以是眞實的。耶穌基督復和的力量在他們生命中以不同方式彰顯了。在上主的恩典與救贖下，我們發現彼此的相似多於不似（alike more than unlike），即我們都是因耶穌基督帶來的復和得以與上主、世界、他者和自我復和。正如四卷被視爲正典的福音書有四個不同重點，但也成爲我們對耶穌基督敍事的理解。

雖然某些教會和基督徒仍未能接受同性性行爲可以有的合理性，但他們不必然採用非是即非的態度，反而可以用俯就（accommodation）的方式對待同性戀者。例如，從出埃及事件，我們認識上主不認同人成爲奴隸，但祂卻容許奴隸繼續存在。又保羅相信人不分爲奴和自主，但他沒有要求腓利門即時釋放其奴隸。面對人類吃動物一事，支持素食的神學家里斯（Andrew Linzey）說，上主容許人類食動物是回應人的犯罪和暴力，而其中上主禁止人吃帶有生命之血的肉，作爲我們宰殺動物時的提醒，動物是屬於上主的。他說：「我們沒有殺動物的權利，而上主之所以容許，是基於有需要的條件。」加爾文（John Calvin）的俯就神學（Divine accommodation）就有這個意思，而這可被理解爲寬容。或許，同性戀者認爲教會的俯就仍走不出對他們的負面態度，但若俯就被視爲初步向對話開放的話，這不是不可接受的。

在不同時代和不同場景之中，基督宗教敍事都邀請教會重說耶穌基督的復和敍事。它不但要求我們投入復和職事之中，更要求我們作富想像力的測試，反覆察驗耶穌基督復和故事的意涵。可惜的是，一個宣稱使人得自由的基督宗教敍事（約翰福音八章 31 ～ 38 節）卻在同性戀一事上陷於恐懼，失去自由維護同性戀者的基本權利，失去自由以平等跟同性戀者建立友誼，並且失去自由認真自我檢視對同性戀的立場。[54] 當宗教提供的安全感化身或等同某種社會制度或秩序時，耶穌基督的復和敍事便會漸漸失去那宗教超越性的體驗，反而被自己的習慣和感情所困。例如，當有基督宗教人士以維護婚姻和家庭（一男一女的公眾關係）來克服他們對關係秩序的恐懼時，他們就很容易將一切與一男一女不一樣的親密關係視爲不可接受，甚至邪惡。令人婉惜的，不必然在於離婚、同居和同性關係等等對社會秩序的破壞或它們本身的邪惡，反而在於某基督宗教敘事將其對上主呼召的順服轉變爲某些普世道德生活，並因恐懼而失去聆聽故事的能力，甚至與上主相遇的機遇。

2013 年 3 月一羣基督徒推動「彩虹之約——共建同志友善教會」運動。約章的內容包括：[55]

> 與性小眾的弟兄姊妹同行。
>
> 聆聽性小眾的弟兄姊妹的掙扎，按他們的需要和選擇，提供適切的牧養。
>
> 提供一個安全、尊重、接納、信任的教會環境，讓性小眾的弟兄姊妹參與教會生活。
>
> 接納性小眾的弟兄姊妹領受洗禮，加入教會，成為基督合一的身體。
>
> 讓性小眾的弟兄姊妹參與聖餐，與主契合，一同分享上主的恩典。
>
> 讓性小眾的弟兄姊妹按恩賜平等參與事奉，回應上主的呼召及大愛。
>
> 肯定及支持性小眾的弟兄姊妹與異性戀者一同享有平等的公民權。

不接受同性性行爲者認爲「彩虹約章」沒有交代同性性行爲是罪，所以，他們不會簽署。另一方面，積極爭取同志平權的朋友認爲這約章過分溫和，沒有嚴正批判教會對同性戀者的歧視和回應同性戀者的眞實需求。雖是如此，但這約章的內容是很基本的，關乎人與人相處應持有的態度，教會見證上主恩典與愛應要有的包容和牧養。我們不需要先解決同性性行爲是罪與否，才可以接受約章的建議；同樣，我們也不需因接受這約章就不可繼續爭取平權運動中的某些訴求。這約章是教會內的事，但這教會內的事不是私人俱樂部的事，而是公共的事，即見證一個友善社會要有的特質。

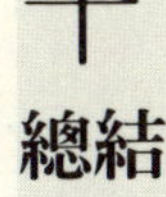

十 總結

基本上，敘事倫理的核心就是拒絕一種以原則和效益爲基礎的「單薄」倫理（thin），反而是一種考慮脈絡、不同敘事和具體行動等的「厚實」倫理（thick）。[56] 在厚實倫理下，宜把基督宗教傳統一直將同性性行爲視作嚴重逆性行爲甚至罪惡之觀點，重新再作檢討。在敘事倫理下，本文沒有以簡易方式說出同性性行爲是道德或不道德，就正如我不會說異性性行爲是道德一樣。我們不需先決定同性性行爲是道德或不道德，反而要先聆聽同性戀者的敘事，檢視社會敘事可能存在的壓迫性和欺騙性，從而向聖言開放，讓人的經歷與聖言對話。作爲敘事倫理的基督宗教倫理，它要求我們聆聽上主在耶穌基督裏的敘事，與此同時，要回饋自己的人生給耶穌基督的敘事。同性戀基督徒不只是單向地和被動地被某一基督宗教故事所閱讀（批判），他們的生命更挑戰和豐富了基督宗教敘事。同性戀基督徒不是基督宗教敘事的負資產，而是基督宗教敘事的寶石（靈光）。最後，我承認本文不足之處就是沒有將同性戀課題放在一個較寬的框架內討論，即性小眾和酷兒理論（queer theory）。但若讀者不將本文對同性戀的討論看作一種二元論，即只有異性戀和同性戀，沒有雙性戀和變性等，本文可被視爲只是一個對基督宗教性倫理討論的嘗試。

第3章　對龔立人文章的評論

// 羅秉祥

一
論恐懼政治

個別激進的同志運動者騷擾對同性戀的道德異見人士，如2003年強闖衝擊香港天主教座堂的彌撒；2005年滋事騷擾榆林書店；2011年強行闖入明光社，滋擾課程參加者；以及於2013年1月，某位高調反對性傾向歧視立法的人士收到數百個恐嚇的電話（甚至是死亡威脅）；這些製造恐懼的行為令人非常遺憾。另一方面，有個別牧師據聞曾公開說同性戀者不應該得到家庭暴力條例的保護，免致給社會帶來更多「養鴨一族」，大學生有成為男妓和性奴之虞；這種輿論也是走上另一極端，刺激對方怒憤。不管這些事如何像立人兄所說，是「可理解的」（頁124；頁碼為本書頁碼，下同），我們都要清晰地宣告這兩方面的行為皆是不可容忍的（就如拉登對美國發動的恐怖襲擊也是可理解但不可諒解一樣）。立人兄，你願意作這個宣告嗎？要避免激化恐懼政治，雙方都有責任。目前，同性戀者與教會都不約而同地活在對方陣營製造的恐懼中。我非常同意立人兄所說，我們要「伸出友誼和公義之手」（頁

124），但如何往前踏一步，我認爲雙方有同等責任。願意爲往日過激的言行道歉，是和解的第一步，否則，恐懼政治的雪球可能會愈滾愈大。

二
敍事倫理學與「所屬」

立人兄正確地指出社羣敍事與個體敍事之間存在張力，但在作道德反思時兩者都是必需的（頁 119）。從事基督教倫理學，我們必須把個體敍事與羣體敍事都帶回聖經敍事中來理解，讓信徒、教會的敍事，與上帝的敍事連接貫通。可惜立人兄在接著處理兩位基督徒同性戀者的個人敍事時（頁 127 ～ 130），卻沒有這樣做。立人兄透過這兩個故事告訴我們：「她們的個人敍事向我們揭示同性戀者生命的掙扎」（頁 130），是的，這些掙扎都是有血有肉，我們應該感同身受。海斯（Richard Hays）在《基督教新約倫理學》(*The Moral Vision of the New Testament*) 的第十六章，用了不少篇幅來介紹他的好友 Gary 的故事。透過他的故事，海斯進一步揭示一個同性戀基督徒，如何經歷約伯式的「爲甚麼我要受這個苦？」的信仰煎熬，但靈命卻在受苦中成長，慢慢更立志跟隨基督，把上帝的故事融入個人充滿掙扎的生命故事裏。袁幼軒（Christopher Yuan）在他的自傳中，也有類似的詳盡說明。不管是同性戀或異性戀的基督徒，要把自己的生命故事融入上帝的故事，都會各有掙扎。我們不應該停留在互相訴苦的階段，而是應該彼此勉勵，在逆境人生中仍努力以不同方式活出基督的故事來。（可惜的是，立人兄所引用第三位同性戀基督徒的個人敘事〔頁132〕，似乎以 Gay Pride 代替了基督。）

在這個脈絡來討論同性戀者的「所屬」問題是很恰當的。立人兄所引述的三個案主都是基督徒，他們應該在教會中找到歸屬感。但目前同性戀基督徒很難在一般華人教會中生存，這是雙方的責任。一方面，絕大部分華人教會在牧養關顧同性戀者的努力仍在起步點，還有很大的進步空間，需要更努力學習，這是教會對同性戀者的虧欠。另一方面，同性戀基督徒也需要努力以「在基督裏」爲首要的身分認同，以活出基督爲人生最重要的目標。在主內，我們不再分異性戀者、同性戀者。正如立人兄所說，「所屬的需要就是渴望成爲屬於這社羣的敍事」（頁131）。有同性戀傾向的基督徒只要努力把自己的生命故事融進聖經的故事內，和其他基督徒一樣努力過成聖生活，教會不難接納他們爲一分子。美國的袁幼軒並沒有「曲扭成直」，但他一直受慕迪聖經學院接納爲兼任聖經科教授，最近還被按立爲牧師。

三
差異倫理與寬容

「縱使同性戀者並不認同反對他們的人抱持的立場，同性戀者也應對他們寬容，尊重他們的立場；同樣，反對者也應對同性戀者寬容，不製造敵視氣氛。」（頁 136）我非常佩服立人兄這句不偏不倚的公正話。我只想補充，雙方都不應被動地等待對方踏出第一步，己方才有改變。我屬於教會，不屬於同性戀羣體，所以我鼓勵教會在日後的社會討論中應雍容大度對待同性戀者的公民權。我在《時代論壇》撰寫的一篇文章〈教會應雍容大度對待同性戀者公民權〉（時代講場，2013 年 1 月 11 日）指出：「作爲基督徒，我個人寧願冒險被別人逆向歧視，也不願背負一個對反歧視懦弱的罪名。」很多教會朋友對我這句話非常不認同，但我仍然堅持這個態度，因爲總要有人主動。若有同性戀基督徒也願意說類似的話：「作爲基督徒，我個人寧願冒險被別人歧視，也不願背負一個製造逆向歧視的罪名。」這樣，我們就可以實踐立人兄所說的「德性的寬容」，良性互動。

四
基督宗教的敍事：創造

立人兄說：「按第二個創造故事，這親密性是從『獨居不好』和『配偶幫助他』來理解（不是爲了生育），而這絕不應只限於異性關係。」（頁 143）這句話讓我非常困惑。創世記第二個創造故事是這樣記載的：「耶和華神說：『那人獨居不好，我要爲他造一個配偶幫助他。』…… 耶和華神就用那人身上所取的肋骨造成一個女人，領她到那人跟前。那人說：

這是我骨中的骨，肉中的肉，可以稱她爲『女人』，因爲她是從『男人』身上取出來的。因此，人要離開父母，與妻子連合，二人成爲一體。」（創世記二章18、22～24節）我不知道立人兄是怎樣從這段經文讀出第二個創造故事的親密性「絕不應只限於異性關係」，以我所知，教會接納同性戀基督徒是相對容易的，教會恐懼的卻是這種驚人的解經。

五
基督宗教的敍事：救贖

立人兄以使徒行傳十至十一章，猶太人教會完全接納外邦人基督徒爲典範，認爲因此今天異性戀者教會也應以同樣態度完全接納同性戀基督徒（頁143～147），這種爲同性戀生活找聖經根據的方式，已是今天接受同性戀生活的西方教會的老生常談。但早於1996年海斯教授已經在其《基督教新約倫理學》中指出這個類比詮釋是不恰當的。海斯也接受類比詮釋聖經法，而且承認這個類比詮釋是頗有創意（海斯：《基督教新約倫理學》，頁527〔頁396；括弧內頁碼爲英文原書頁碼，下同〕）。然而，這個類比最終不能成立，因爲兩者有嚴重的差異。當時的猶太人教會接納外邦人基督徒，並不只是因爲聖靈降臨在哥尼流等人身上，而是因爲這個經驗讓他們回頭重新讀聖經，明白到上帝與亞伯拉罕立約，使萬國要因他得福原來是這個意思。換言之，外邦信徒經受聖靈的經歷只是一個契機，猶太人教會對以前一知半解的舊約聖經，有一個全面的恍然大悟，才是關鍵（這正是保羅在加拉太書與羅馬書所從事的工作）。因著這個對聖經的新理解，看到這個新理解現在應驗了，猶太人教會便醒悟到他們以前對外邦信徒的態度（先歸化爲猶太人才能成爲基督徒）是誤讀了聖經。所以，若把這個類比用在同性戀基督徒與教會的關係，只指出「上主的靈也降臨在同性戀者身上」（頁 146）是不足夠的。按照這個類比，支持教會無條件接受同性戀生活的人，還需要進一步重新詮釋整個新約聖經，提出一個新的性神學（theology of sex），讓我們所有人再讀新約時能夠恍然大悟，發現聖經很多經卷老早就指出同性戀生活也是上帝創造人的設計之一，現在應驗在這些有聖靈同在的同性戀基督徒身上了！可是，這一步的關鍵聖經詮釋工作，卻一直沒有人能作出來。因此，這個對使徒行傳十至十一章的聖經類比詮釋法，就完全倒塌了（海斯：《基督教新約倫理學》，頁 531〔頁 399〕）。

另外，正如加儂（Robert A. J. Gagnon）在他的《聖經與同性性行爲》（*The Bible and Homosexual Practice*）一書中指出（頁 460 ～ 465），這個類比還有很多不能相提並論的若干差異：

1. 猶太人與外邦人是種族不同，而且完全是先天因素，人不能改變。同性戀牽涉情欲行爲，一方面同志運動也承認同性性傾向不一定是天生的，另一方面，常識也告訴我們人有一定能力控制情欲行爲，儘管傾向不變，行爲可變。
2. 外邦人是否需要受割禮才可加入教會是一個宗教禮儀問題，聖經從沒有說外邦人基督徒不願意接受割禮是罪，舊約聖經也從沒有排斥外邦人必然在上帝的救恩之外。然而，新舊約聖經皆斬釘截鐵宣告同性性行爲是罪，而且聖經神學皆設定婚姻與家庭是以男女結合爲基礎。

3. 除了使徒行傳十至十一章，新約聖經所有正典經卷都異口同聲贊成，外邦人基督徒無需接受割禮就可以成爲上帝的子民。今天教會要接納同性戀行爲，有同樣廣泛的聖經正典根據嗎？

六 基督宗教的敍事：新造

立人兄指出上主的新創造是「創造新的社羣」（頁147），耶穌建立一個新的家庭，揭示另一種羣體生活，讓社會所有邊緣人都可以經歷一種新的家庭生活（頁148）。我完全同意教會這個新社羣有兩個標記，廣泛包容是其一，新價值觀是其二。然而，在新約聖經，教會這個新社羣的新價值觀，一方面是與耶穌時代的以色列社會作對比，另一方面是與保羅時代的羅馬社會作對比。保羅在書信中三次表達對同性性行爲的反對，正是要凸顯教會的他性（otherness），有別於當時羅馬社會對同性性親密的認可。立人兄提出「新造」這神學視域，非常重要，但我有一個補充。教會只是這個新創造的先驅，新創造還沒有完成，我們還在這個「已然與未然」的張力中，如保羅所感歎；「但受造之物仍然指望脫離敗壞的轄制……一切受造之物一同歎息、勞苦，直到如今」。人類的情欲失序，血肉之軀還有軟弱，基督徒也深受其苦；「我們這有聖靈初結果子的，也是自己心裏歎息，等候……我們的身體得贖。」（羅馬書八章 20 ～ 23 節）有些基督徒為到強烈的同性戀傾向而苦惱，可從這角度思考。

七
破壞家庭？

我完全同意立人兄所言「有某種形式的家庭制度絕不保證有良好的家庭關係」（頁 149），而且非常同意破壞家庭關係有很多其他社會因素（頁 149）；聲稱維護家庭價值的社會組織也應該密切注意這些事。但我們不應該採取一個非此即彼的二分法，要把所有精力「集中」批判這些破壞家庭關係的社會因素（頁 149）。只「集中」注意家庭關係，不理會家庭形式，等於默認同居不婚、有妻有妾、婚外情、婚外產子等家庭形式，認同只要有好的家庭關係，都是同樣可取的家庭形式。我不認同這個結論，愛護家庭應該是家庭形式與家庭關係並重，雙管齊下。只不過，話說回來，我完全同意不應該把同性戀視為破壞家庭的代罪羔羊。不少異性戀者對傳統家庭形式的長期破壞，目前是更值得我們關注；不要因為他們是「社會名流」，我們就默不作聲。

第4章 回應羅秉祥的評論

// 龔立人

秉祥兄對拙文的評論提出一些很重要的觀察、提問和建議。先讓我簡單回應幾個課題。第一，雖然拙文寫道「支持和反對同性戀的雙方都同樣是受害者和共同在受害化過程」，但我承認我相對地較少提及同性戀朋友也有分製造恐懼政治。所以，多謝秉祥兄在這方面的補充和提醒。第二，雖然拙文提及同性戀基督徒應以俯就的態度對待不贊同同性戀的基督徒（秉祥兄也持相同觀點，他提出不認同同性戀的基督徒可以用俯就的態度對待同性戀者），但我對於秉祥兄的建議——「作爲基督徒，我個人寧願冒險被別人歧視，也不願背負一個製造逆向歧視的罪名」——有所保留，不是因爲我不認同耶穌基督的教導（山上寶訓），而是因爲當下逆向歧視一詞在坊間已有濫用之嫌，甚至有些提出逆向歧視論點的人並不認爲他們對同性戀者的不接受與歧視有關。那麼，重點不只是同性戀基督徒及其支持者是否願意爲反對者放下自己的權利，我們更有責任讓反對者可以走出自我捆綁，以平等態度與異己者相處。第三，秉祥兄提醒我要保持基督信仰「終末論」的既濟與未濟態度來看待上主的新創造。這是很重要的提醒，因爲沒有終末，我們就沒有眞正的拯救。秉祥兄以此來勸勉那些因同性戀傾向而苦惱的基督徒，可以考慮接受這是基督徒在終末下的掙扎（這是我的用語），並暗示他們不需要合理化同性性行爲（這是我的解讀）。然而，我對此有所保留。若同性性行爲不是罪，同性戀基督徒就無需要承受這不必要的苦惱了。那麼，同性戀基督徒的苦惱是來自錯誤意識多於終末的緣故。再者，我擔心基督信仰終末論淪爲馬克斯（Karl Marx）對宗教的批評，即宗教使人接受、並合理化一個倒轉的現實。反過來說，若用秉祥兄的觀點，同性戀基督徒仍要以終末論思維面對因其同性戀身分而被教會拒絕的苦惱。以下，我集中回應秉祥兄兩個重要評論，分別作爲他性（otherness）的基督徒身分和聖經詮釋。

一
作爲他性的基督徒身分

基督徒不純是一個宗教稱呼，更關乎身分認同。基督徒不但融入耶穌基督的故事，更在他們的故事中重說耶穌基督的故事。就著耶穌基督的故事與基督徒的故事兩者的關係，我有以下考慮：

1. 耶穌基督的故事是一個甚麼故事？
2. 如何理解個人的故事與耶穌基督的故事兩者的關係，以及這關係跟建制教會對耶穌基督的故事的理解的關係。
3. 基於以上討論，我們如何理解基督徒身分和教會的他性？

教會的他性來自它不接受同性性行爲嗎？反過來說，教會的他性來自它接受同性性行爲嗎？我認爲以反對或支持同性性行爲來界定教會的他性是將教會的他性磨滅了，不但因爲這所謂的他性可能只是某一傳統下的論述，更因爲這將某種對教會他性的理解等同上主國。在拙文中，我已提出教會的他性是因上主國的包容性（inclusive）。這可從耶穌跟罪人和稅吏一起吃飯，並他有關吃飯的比喻反映出來（例如路加福音十章8節，十四章7～24節）。讓我在此作點補充。第一，包容性反對一切製造社會隔離的人、建制和意識等。第二，包容性是從社會弱勢羣體的經驗來考慮；否則，就陷於如我批評的虛僞的寬容。這使我們想起日本文學家村上春樹那篇演講——《我永遠站在雞蛋的一方》。他寫道：

> 以卵擊石，在高大堅硬的牆和雞蛋之間，我永遠站在雞蛋那方。無論高牆是多麼正確，雞蛋是多麼地錯誤，我永遠站在雞蛋這邊。
>
> 我們都是人類，超越國籍、種族和宗教，我們都只是一枚面對體制高牆的脆弱雞蛋。

第三，包容性是尊重差異，沒有要求對方改變來符合我們的理解。貧窮、殘疾、失明、瘸腿、太監和外邦人仍舊如此，不是因爲我們不需要回應他們的需要，而是因爲若這是他們的身分，他們應被尊重繼續以他們的身分生活和參與社會。包容不是先要改變對方，反而先改變自己。

然而，不論一個社會如何有高度包容，總有些人不會被接納，因爲社會總離不開制度化下帶來的分類（categorization），並由此而建立和維護某種秩序。因此，我們要作批判性的理解，以便融入以「在基督裏」爲主的基督教倫理，因爲「在基督裏」已等同「在教會裏」，而「在教會裏」就離不開制度化本身的限制。基於此，拙文特別提出社羣敍事與個人敍事的辯證關係。就著個人敍事，美國福音信義會（Evangelical Lutheran Church in America）於 2009 年通過的《人類的性：禮物與信任》（*Human Sexuality: Gift and Trust*）指出「約束良知」（bound conscience）的重要性。[1] 文件指出「約束良知」基於羅馬書十四章和哥林多前書八章，並基於信義宗的傳統。按馬丁路德（Martin Luther）理解，「約束良知」不是中國傳統所講的良心，建基於個人，而是面對上主臨在的良知，他的良知因此不受限於道德。這也是田立克（Paul Tillich）所說的超越道德。[2] 對馬丁路德來說，良知的約束即不是受約束於人爲的律法和規則，而是受約束於上主的道。但與此同時，馬丁路德也指出受約束於上主的道可以是一個陷阱，因爲我們無法滿足上主的要求。因此，他提出我們要進入賜予信心的聖靈。聖靈指示我們，良知不是上主的律法，而是上主在基督福音的應許，它成爲我們良知的指引。對於秉祥兄來說，受約束於上主的道豈不就是他從羅馬書一章對同性性行爲的理解嗎？這牽涉兩個問題：第一，我們如何理解羅馬書一章？我已在回應秉祥兄一文提出我的不同看法，不在此重複。第二，「約束良知」不是將自己約束於某一聖經經文和傳統詮釋，反將重點放在耶穌基督對我們的呼召，並祂要求我們以委身和順服的態度作回應。在耶穌基督呼召下，律法與福音的分別已在恩典下打破了，所以，我沒有懷疑那些爲了信仰，並靠著聖靈，而過著沒有同性性行爲生活的同性戀基督徒，我相信他們是眞誠地活著。同樣，我也肯定過著同性性生活的同性戀基督徒對信仰的眞誠，而他們的生活不是次好的生活選擇。

說回來，「約束良知」不等於我們從此就可以支持或否定同性性關係。那麼，「約束良知」對基督教倫理有甚麼重要性？第一，它拒絕將基督教倫理等同一個系統，反而維護個人面對上主臨在的自由。第二，它要求我們以彼此尊重和對話的態度相處，並認識和相信聖靈在不同人生命上的聖化。第三，它要求我們忠誠地和認眞地回應上主的呼召。最後，讓我簡單回應秉祥兄的另一番評論——「立人兄引用第三位同性戀基督徒的個人敍事，似乎以 Gay Pride 代替了基督」。按我理解，Gay Pride 沒有必然對立於基督，反而它強調同性戀者接受他們的同性戀身分，並爲此身分而慶祝。同性戀者不是次等，也不是缺憾。對基督徒來說，這之所以可以發生，是因爲上主的恩典。

二
聖經詮釋

我承認要從聖經找到很清楚支持同性戀的經文並不可能，因爲聖經時代對同性戀已持否定態度。所以，同志釋經多是徒勞無功。那麼，爲何我仍要參考聖經？原因只有一個，因爲我相信聖經的生命力，即對此時此地羣體的啓示能力。這之所以可以發生，關鍵在聖經必須是一個開放文本，即文本背後的世界、文本之中的世界和文本面前的讀者世界的互動、抗衡和彼此審察。聖經不再屬於學者的研究，或是教會領導的說辭，而是屬於每一個經歷著生命各樣困惑、懊惱和體驗上主啓示的驚喜和祝福的信徒所一起參與的生活反思場所。肯定文本面前的讀者世界之重要，不是甚麼後現代釋經或作者已死之理論，而是承認上主的道（The Word of God）不被上主的話（the word of God）所定義。耶穌基督是上主的道，聖經只是上主的話，即對耶穌基督的見證。[3] 這爲何保羅說：「他叫我們能承當這新約的執事，不是憑著字句，乃是憑著精意；因爲那字句是叫人死，精意（或譯：聖靈）是叫人活。」（哥林多後書三章 6 節）再者，聖經是上主之言（Divine word）與人之言的結合，而人之言可以承載上主之言，但不等於人之言就是上主之言。因此，如何區分同性性行爲是屬於上主之言還是猶太文化的人之言，會繼續成爲討論的其中一個焦點。至於這討論是否可以透過嚴謹的釋經就可以解決，我並不樂觀，不但因爲釋經充其量只解決聖經在當時的歷史意涵，而從人之言到上主之言已不是一個釋經問題，反而是一個神學預設了。

秉祥兄就著拙文對使徒行傳十至十一章的詮釋提出嚴重質疑，其論點是拙文詮釋不符合「陳述的相符」和「處境的相符」。然而，博夫（Clodovis Boff）指出「處境的相符」有兩種。第一，強調經文與現代處境的即時對照；第二，以當代羣體所經驗的社會和政治掙扎作詮釋鏡片，以閱讀經文如何見證著當時羣體所面對的社會和政治遭遇。博夫稱第二種釋經方法爲「關係的相聯」。[4] 關係的相聯牽涉類比的運用。類比有別於意義明確（univocal）和意義不明確（equivocal）。前者不需要詮釋者有太多想像，也沒有太多空間讓閱讀者詮釋；後者也沒有想像空間，因爲它是完全不一樣。相反，類比卻在不同中發現有相似性，即部分相似和部分不同，但基本原則是類似。類比就是從熟悉性走向不熟悉性。例如，縱使耶穌基督的故事是基督徒生活的典範，但我們不可能照抄耶穌基督在世的行爲，反而需要想像、負責任和委身地尋求其類比意義。以下，讓我以特雷西（David Tracy）爲例說明我的觀點。[5]

首先，特雷西提出類比想像的基礎是焦點意義（focal meaning）。焦點意義絕不是一個最大公因數，以致可以包括所有的不同，相反它是基礎。對猶太人來說，這焦點意義是出埃及，而我理解的基督教焦點意義是耶穌基督在祂與不同人吃飯時所展現出來的上主國的恩典和包容。當然，有教會將反同性性行爲看爲基督教焦點意義，並以此來判斷教會的眞僞，以及一個人信仰的眞與假。在拙文，我已分別以教理（dogma）、教義（doctrine）和意見（opinions）等提出我的看法，不在此重複了。

第二，類比分爲類比想像與辯證想像。簡單來說，類比想像強調它與焦點意義的相似性，而辯證想像則強調與焦點意義的差別性。例如，類比想像強調在日常生活中經驗上主恩典，繼而認識上主；而辯證想像是在耶穌基督裏經驗上主的充權，從而揭示人的生活如何與上主疏離。這兩種想像都可以從聖經中找到例子。例如，耶穌基督的十架是一種辯證想像，而耶穌基督的道成肉身和復活是一種類比想像。神學上，上主的創造就屬於類比想像，上主的拯救則屬於辯證想像。然而，類比想像與辯證想像不是對立，也不是二擇一，而是同時呈現。在我的詮釋中，類比想像就是從同性戀朋友中看見上主的恩典和救贖，而辯證想像的意思就是批判對同性戀者的受歧視和被否定。說回來，秉祥兄也用以上原則，只是作出相反的結論。那麼，問題是否類比想像太個人化，沒有規範？不是，因爲焦點意義成爲一個重要量度，即任何類比使我們認不出那焦點意義時，已不是類比了。縱使秉祥兄與我的觀點不同，但我視他爲主內兄弟，他也如此對待我。如拙文寫道「在上主的恩典與救贖下，我們發現彼此的相似性多於不似（alike more than unlike）。」

事實上，當耶穌基督吩咐我們，「你去照樣行罷」（路加福音十章37節），就要求我們以耶穌基督作爲焦點意義，並以類比想像與辯證想像來思考我們如何詮釋「照樣」。如何詮釋不只是一個知性課題，更因類比緣故，詮釋者的靈性生命、生活體驗、品格和視野（perception）也是重要因素。這又回到我理解的文本詮釋是：文本背後的世界、文本之中的世界和文本面前的讀者世界的三個世界的互動、抗衡和彼此審察。

或許，以上解釋並不能滿足秉祥兄的要求。他寫道：

> 支持教會無條件接受同性戀生活的人，還需要進一步重新詮釋整個新約聖經，提出一個新的性神學（theology of sex），讓我們所有人再讀新約時恍然大悟，發現聖經很多經卷老早就指出同性戀生活也是上帝創造人的設計之一，而此刻應驗在這些有聖靈同在的同性戀基督徒身上了！可是，這一步的關鍵聖經詮釋工作，卻一直沒有人能作出來。

坦白說，要滿足秉祥兄的要求似乎不可能，因爲聖經在猶太人文化下不會對同性戀有較正面的看法。所以，我從沒有計劃要建立聖經對同性戀的正面態度，只從類比方式進行。說回來，秉祥兄說對了，我們需要思考性神學。就此，我簡單提出幾方面考慮：

1. 我們需要重新認識作爲本性（nature）的性。例如，性是否只有兩性？若作爲本性的性從來就是一個社會建構，性就離不開與權力的關係？又這種理解如何幫助我們理解聖經所理解的本性的性？（尤其是保羅在羅馬書一章 26 至 27 節對順性和逆性的理解）？
2. 身體、性與欲望的關係。若存在離不開身體而身體又產生欲望，並身體以性出現時，我們如何理解存在與性欲的關係？以禁欲方式對待同性戀者的欲望是恰當的處理嗎？如何理解性與身分的關係？

3. 性、家庭與婚姻的關係。婚姻不只屬於創造秩序，也屬於救贖秩序。那麼，我們可以如何理解同性婚姻？公義的性如何讓我們理解婚姻和性愛？婚姻與家庭有甚麼關係？

第二部

對話與交鋒之後

第5章　離家浪子與在家浪子

// 羅秉祥

面對同性戀的自我反省

聖經視同性性行爲是罪，教會以外的人難以理解。教會有其信念，沒辦法事事都與社會觀點看齊。但面對社會對同性戀看法的變遷，教會也可以有更高的自省能力。

個人的反省

基督徒在小圈子內指責同性戀是輕易的，但也是高度危險的。這是因爲：

1. 異性戀者指責同性戀是太容易的事，因爲這個罪是他／她永不會犯的。但這也是非常危險的，因爲這會帶來虛幻的宗教及道德安全感（他／她有問題，我沒有問題）。
2. 基督徒的標誌不是去指責別人，而是愛別人。我們用聖經不是用來批評別人，而是提醒自己。（在很多婚禮中訓勉人會以保羅在以弗所書五章 22 至 28 節對丈夫妻子的教導勉勵新人，但基督徒夫妻不是用這段經文來指責對方，而是用來自我檢討。）
3. 熱愛讀聖經的基督徒自然會對罪敏感，但譴責人認罪的是聖靈；基督徒要小心，不要扮演審判人的上帝。人皆是罪人，沒有人擁有一個崇高的道德高地，配對他人作道德審判。耶穌的話很清楚：「你們中間誰是沒有罪的，誰就可以先拿石頭打她。」（約翰福音八章 7 節）。下一句話也很清楚：「去吧，從此不要再犯罪了！」（約八章 11 節）這句話是留給耶穌講的，我們不要僭奪上帝的審判角色。

4. 耶穌還教導我們：「爲甚麼看見你弟兄眼中有刺，卻不想自己眼中有梁木呢？你不見自己眼中有梁木，怎能對你弟兄說：『容我去掉你眼中的刺』呢？你這假冒爲善的人！先去掉自己眼中的梁木，然後才能看得清楚，去掉你弟兄眼中的刺。」（路加福音六章 41 節）我們不要掉進這個自以爲義的道德危險中，對罪敏感，一定要從檢討自己的罪做起。

耶穌在路加福音十五章講了三個平行的「失去」的比喻：失去的羊、失去的錢幣、失去的兒子；我們通常以「浪子比喻」來稱呼第三個比喻。然而，在講完小兒子浪子回家後，耶穌加了一個特別插曲，敍述哥哥的反應及父親的回答；這與之前兩個「失去」的比喻不平行，也有其特別用意。哥哥儘管身在家中，表面上是一個乖孩子，每天與爸爸一起生活，但他不能體會爸爸的心腸，他的心與爸爸的心有很遠的距離。他的心與弟弟一樣，遠離了爸爸，到了一個「遠方」。最諷刺的是，他責怪弟弟是浪子，但不知道自己其實也是浪子。弟弟是「離家浪子」，而他自己是「在家浪子」。耶穌這個浪子比喻特別之處是，失去的兒子表面是一個，其實是兩個；「浪子成雙」！（參盧雲〔Henri Nouwen〕：《浪子回頭》〔校園書房，1997〕）。這個哥哥之所以迷失，是因爲他自以爲義；耶穌借這個哥哥的角色，暗諷自以爲義的法利賽人與文士（路十五章 2 節）。

異性戀基督徒私下論斷同性戀者的罪時，非常容易掉進這個哥哥的情形，瞧不起這個弟弟，有道德優越感，自以爲義。若是這樣，我們其實也是浪子！

教會的反省

我們都知道，教會不是一個俱樂部、興趣班、社交場所。教會是基督身體，要活出及流露基督生命，因此需要有一致的道德要求，有羣體紀律；教會內互相勉勵，互相守望。

保羅對哥林多教會有一定要求，要求擺脫社會陋習，與社會有別。不從事同性性行爲是其中一項，但也只是其中之一而已；保羅對教會還有很多道德期望，對於這些期望，無分輕重。教會要成爲成聖的羣體，須要全面更新。成聖生活是教會所有人都要努力的事，不是有些人需要努力多些，其他人可以放慢腳步。

教會對罪認眞，就必須全面認眞，而不是選擇性地認眞。教會可以要求有同性性行爲的人在生活上作出改變，但必須要一視同仁，對其他罪也同樣零容忍，要求所有犯了聖經列出的罪的基督徒都要改變。有同性戀困擾的基督徒有軟弱，教會最好的反應是身教勝於言教，關顧當事人的弟兄姊妹表白自己也在情欲或其他方面長期有掙扎，最近終於克服了。「你看，我的生命剛得到了上帝的改造；你也可以！」教會對罪認眞，應該是全體弟兄姊妹紛紛認罪悔改，而不是只針對同性戀者。這樣，教會的道德生活才流露出基督的生命，才能在社會上做模範羣體。

然而，由於人性中有罪性，成聖旅途從來都不是容易順暢的。基督徒在成聖生活上難免有掙扎，而彼此掙扎的事情可以非常不同。教會在牧養上的大原則應該是既有體諒，也有要求。因此，在牧養關顧有同性戀掙扎的信徒時，應該一視同仁，既不放棄成聖要求，但也要體諒同性戀掙扎不是一夜可以改變，而需要一段長時間，我們要對他們提供長期的支持。倘若一個信徒拒絕追求過成聖生活，堅持活在罪中，理念與教會衝突，自然很難彼此同行；否則，教會對這些掙扎者的關顧要不離不棄。

信徒面對社會的反省

有些基督徒對世風日下、社會不良風氣有感慨，這當然可以理解，但這個態度可以全面一點，不只是盯著同性戀。香港社會走向腐敗，原因很多，例如地產霸權、小圈子選舉等等。再者，如立人兄所言，破壞家庭關係有很多社會因素，有志於維護傳統家庭的人也應該注意。

舊約聖經對社會倫理有頗多論述，同性性行爲，只佔了極低比例（參萊特〔Christopher Wright〕：《基督教舊約倫理學》〔校園書房，2011〕）。基督徒要做社會的中流砥柱，逆流而上，應全面一點，多面向關心社會。

異見對話

與不同意見者對話是困難的，因爲要離開自己的安舒區，接受質疑，但這是值得的。對話的用意是用心聆聽逆耳之言，以反思自己的想法有沒有盲點。這個爲期數月的寫作對話暫告結束了，我與立人兄在同性戀行爲是否罪這個主要的分歧沒有收窄。但在對話過程中，得到很多提醒，也刺激我反省更多，立論要更縝密，我因此要感謝立人兄。

透過這次對話，我感受到立人兄非常關心被主流社會排斥的邊緣人，並因此勇於作出批判主流社會的思考。這個精神，我是非常佩服的。

第6章　從悔改到超越

// 龔立人

經過這次跟秉祥兄的文字對談，我對同性戀的觀點有甚麼要悔改？先讓我解釋天主教神學家郎尼根（Bernard Lonergan）對悔改（conversion）的理解。[1]對郎尼根來說，悔改不是一個學習的結果，而是一個激進的過程，即從先前的視野轉向另一視野，經歷主體和世界的轉化。悔改可以是在那戲劇性的一剎那，但也可以是一個延續和緩慢過程。就著悔改內容，郎尼根提出「宗教的悔改」、「道德的悔改」和「知性的悔改」等三個面向。簡單來說，宗教的悔改是從一個對以上主是愛的超越領域之忽略轉向對超越領域的投入。道德的悔改是從自我封閉轉向自我超越。至於知性的悔改，它告別偏見與迷思，進而邁向超越，即知性整全性。宗教悔改、道德悔改和知性悔改不是分割的，因爲他們關乎生命結合，是一種心靈覺醒。本眞（authentic self）是從自我超越達成的，而持續的自我超越只有透過悔改方可成就。

我第一次認識同性戀者是在1995年，當時我在牧會。雖然他只是偶爾參與教會聚會，但他願意跟我分享他的掙扎。每當想起一個有理想和有能力的青年人因同性戀困擾而導致人生充滿坎坷時，我感到心痛。礙於當時對同性戀的認識相對地膚淺，所以，我可以給予的牧養很有限。後來，我轉職了，而他也沒有回來教會。1999年1月3日，我有機會爲一個同性戀基督徒團體（基恩之家）主講以「愛難求」爲主題的福音佈道會。我已忘記當天的信息內容，但這次經驗讓我踏上悔改之路。之後，我有機會被邀請在網站 Gay Station 討論基督教對同性戀的看法。當時我很清楚地指出：「同性戀基督徒不是二等的基督徒。你們不但要在同性戀羣體見證上主，更有責任以眞誠生命說服反對你們的人。這是你們的十字架。」跟同性戀者建立信任後，他們就主動跟我分享他們的信仰歷程。一位同性戀者跟我分享她十多年來的信仰掙扎時，我流淚了。另一位同性戀者跟我分享她在校園如何受到歧視，但只能沉默忍受時，我爲她難過。後來，我更有機會接觸小童羣益會的「性向無限計劃」，認識很多基督徒同性戀者因基督教信仰帶來對生命的壓抑。這些活著的經驗使我寫了一篇《我信有眞誠同性傾向基督徒》（2001 年 2 月 11 日），也迫使我發問：「耶穌基督的福音是甚麼意思？」秉祥兄引用海斯（Richard Hays）的看法說，由同性戀產生出來的掙扎可被視爲同性戀者的十字架，但問題是，不是每一個十字架都應該要背負。在這背景下，我逐步經歷生命的悔改。

首先，我經歷某程度的宗教悔改，因爲在基督徒同性戀朋友中，我感受到上主的愛沒有離開他們。縱使他們因同性性行爲而被教會視爲罪人，但他們沒有放棄信仰，反而靠著上主恩典認眞生活，體驗聖靈的帶領。不但如此，上主的愛更在羣體中展現。尤其當看見有些非同性戀者對同性戀者的擁抱時，上主的愛是實在的。一位朋友跟我說：「多謝你們這些非同性戀者對我們的關心。這事與你們無關，但你們上心了。」我說：「你們讓我對上主的愛有更深體會。」當秉祥兄批評我「走上 eisegesis（將外在意思釋入聖經）的路，把某種意識形態輸入到聖經原意」時，我的 eisegesis 不是放肆的，而是因宗教的悔改所致。

第二，我經歷了某程度的道德悔改。自認識同性戀者後，我承認我對性的認識很有限。除了同性戀者外，我更有機會接觸雙性戀者、跨性別者和雙性人等。由二元論思維發展出來的性倫理不足以理解生活世界的多元性，再者，以上主創造心意爲由建立的異性戀的正確性和正常性可能只是一個論述。秉祥兄擔心當同性戀被視爲如異性戀一樣正常後，他所指的「LGBTSQQ」的權利就需要被接受了，而社會就因此變得混亂。爲了防止可能的混亂，同性戀者成爲社會秩序下的犧牲品了。道德悔改之一就是承認我對性的理解的無知，不裝假。道德悔改之二就是不活在道德主義裏，讓生命說話。道德悔改之三就是要有冒險的勇氣，走出自己的安舒區，接納他者，讓他者可以跟我一樣自由地生活。

第三，我經歷了某程度的知性悔改。若知性的悔改是從無知、偏見和恐懼釋放出來，從而眞實地聆聽人們的經驗、重新明白和判斷的話，我需要對聖經和神學對同性戀的理解重新批判和建構。秉祥兄說得很正確，我採用婦女神學角度幫助我進行知性的悔改。婦女神學讓我意識隱藏的父權文化，也讓我看重主體、平等和關懷等價值。然而，秉祥兄對由婦女神學產生出來的知性悔改很有保留。他說：

> 立人兄若是立場一貫地接受婦女神學對聖經中父權意識的批判，就不應該提出「成為門徒就是具體呈現耶穌獨特的生活方式形態……。我們要讓基督故事塑造我們的生活」。按婦女神學的理解，耶穌這個男人呼召了十二個男人成為他的門徒，建立了一個男人支配女人的教會體制。因此，今天基督徒做門徒，是作神聖智慧的平等門徒，而不是耶穌的門徒。

一方面，婦女神學對父權文化的批判並非只針對男性，因爲父權文化也存在女性中。另一方面，婦女神學已發展出酷兒神學（queer theology），而酷兒就不會以男性來界定耶穌基督。所以，以男人出現的耶穌基督拯救女人並不構成男性對女性的支配。說回來，婦女神學不是惟一的詮釋工具。

以上我對悔改的理解和經歷是否也可以用在秉祥兄身上？我相信任何眞誠對話必然帶來對話者的悔改。然而，秉祥兄的宗教悔改、道德悔改和知性悔改帶來的轉化可能跟我不一樣。誰是眞悔改？或許，問題不是眞與假，而是我們都在悔改過程中，被上主呼召和被生命感動，讓我們走出自我，邁向超越，活在上主的愛與恩典中。

第7章 二人同行，途中遇到第三者，再上路……

// 明婉儀
業餘田野神學工作者

「請不要說你愛我」——我爲同志牧師歐陽文風的書所寫的序言，曾借用他這句話作爲標題。[1]事隔不足兩年，竟然一語成籤！ 2013年1月13日，過萬名基督徒在政府總部外，舉行名爲「愛家共融祈禱音樂會」的示威集會（下稱「113音樂會」），雖然主辦者呼籲信徒要關愛同性戀者，並以音樂、祈禱、見證包裝，但活動的性質卻更像要展示政治實力，在政府未就性傾向歧視立法作任何具體決定之前，意圖先聲奪人、向公眾立下馬威。[2]但試問：一大羣阻撓立法保障同性戀者權益的信徒，公開高呼「我愛同志」，何來說服力？同性戀者怎會感受到眞正被尊重、被接納？由甚麼時候開始，「我愛你」成爲了基督徒純粹的口號？

教會內關於同性戀的爭議，一直沿著當初我觀察的軌迹演化。到今天，堅稱同性戀是罪的信徒已經「友善開明」到可以明確表示對同性戀者的接待、寬容，他們反對的只是同性之間的性愛行爲，而非同性戀傾向。他們甚至承認過去對同性戀信徒的關顧有不足和虧欠，承諾會體恤同性戀者，而非排斥。[3]但他們對所謂「同志運動」卻如臨大敵、寸步不讓，因爲他們已經認清楚，同運分子才是教會眞正的敵人，而不是同性戀者。但不幸地，這些所謂「同運分子」正好有主內的弟兄姊妹在其中。所以，香港教會最恐懼的不是同性戀者，而是來勢洶洶的來自西方的「同運」。但無論這場威脅孰眞孰假，我們正慢慢步上歐美教會的後塵，甘願讓同性戀議題成爲分裂教會的導火線。當同性戀議題被雙方上綱上線到教理的層次，成爲判別一個人是否眞正基督徒的試金石，他們就開始恥與對方爲伍、不能再一同掰餅。

同性戀爭議將基督徒醜陋的一面盡露人前。113 音樂會後兩個月，中華基督教會李清詞牧師接受主流報章的訪問，言語間稍爲流露出對同性戀者的同情，竟然教內就有人出言不遜，爲文回應直呼其爲「李清詞女士」；[4] 言下之意，不但不尊重李牧師的牧職身分，甚至不將這位年長的姊妹視爲主內。旁人從基督徒這種嘴臉，看到的是一個怎樣的教會？當基督徒也不能彼此相愛，教會外的人又怎能相信我們有愛他人的能力？

對於那些曾公開呼喊「我愛同志」的基督徒，我會願意選擇相信他們並非言不由衷；不過，他們就要爲自己所講的負責（held accountable）。到底教會應該怎樣用踐行去贏取同性戀者的信任，令他們眞正感受到被歡迎？閱讀羅秉祥教授和龔立人教授兩位眞誠的對辯，使我領會到三點，足以讓教會在繼續爭論同性戀議題的時候，從一個新的視點出發。

一、教會過去對同性戀的倫理思考一直走錯了路。我們被困於類似決策學所講的一種認知偏誤 ——「隔離效應」（disjunction effect）[5] 的死胡同裏面，因難以抉擇而裹足不前。我們面對兩個可能性：同性戀**是**「罪」、抑或同性戀**不是**「罪」。而我們以爲只要搞清楚這個問題，紛爭就可以平息；卻沒有意識到這才是雙方一直無法說服對方的分歧所在。聖經學者、神學家想方設法要論證聖經支持他們自己的論點，但徒勞無功。因爲，在聖經裏，我們只能找到「表面上」可能是「反對」同性戀的寥寥幾段經文，卻不存在任何「支持」同性戀的經文。「支持」同性戀的一方只能將這些標準的「反對」經文「解釋掉」；而「反對」的一方就永遠要迎接來自修正主義釋經方法層出不窮的新挑戰，以維護既有的傳統立場。正反雙方的攻防戰，從未止息。[6] 若一般信徒真的以為，要先判斷同性戀是否罪，才能決定教會應該如何看待同性戀者，並一心一意等候經學家、神學家去擺平他們的學術爭議，只會遇到一個懸而未決的局面。但其實，既然所有人都是罪人，無論同性戀是否罪，我們對同性戀者的愛，跟我們對其他人的愛應該是無差別的。

我們一直沒有發現，原來同性戀是否罪在倫理上是無決定性影響的，是無關宏旨的（indifferent）。羅教授就性傾向歧視立法的立場，正好示範了這一點。他是從闡釋基督徒所宣講的捨己之愛，得出一個結論：我們需要雍容大度地，將保護同性戀者免受**當下真實**而切身的歧視，放在教會**將來可能會**（但**也可能不會**）蒙受所謂「逆向歧視」的代價之上。假若我們對同性戀者的愛是真的，就包含為他們爭取公道，以致甘於犧牲自己。在這個辨識過程之中，同性戀是否罪，根本不是考慮因素。

二、單純說同性戀是／不是罪，根本沒有解答到信徒（無論是同性戀、或是異性戀）應如何過聖潔的性生活的問題。[7] 當反對同性戀的信徒說同性戀是罪，往往就將異性戀者的性生活視為高人一等，暗示自己比對方聖潔，並掩飾異性戀信徒之間更普遍的性罪行。[8] 同理，當支持同性戀的信徒說同性戀本身不是罪，他們仍然要處理人（無論是同性戀、或是異性戀）的性本質和性生活當中牽涉實質的罪。[9]

我之所以說，教會不必要就同性戀是否罪達致共識，是因為羅教授和龔教授在經學、神學、倫理學的切磋之中，雖然對此原則性的問題仍然南轅北轍，但他們實際上的立場是相融共濟的。當羅教授深入細緻地對教會生活、牧養關顧作倫理辨識（頁 88 ～ 99），他所期許的教會，豈非其他支持同性戀的信徒（包括龔教授？），以及同性戀信徒所渴慕的嗎？在羅教授筆下，一個堅持同性戀是罪的教會，卻可以是（或者必須是）一個支持同性戀信徒過德性成聖生活的教會，願意祝福他們活在忠貞信諾的穩定伴侶關係之中。甚至我盼望，在這樣的教會裏面，異性戀信徒可以有機會反過來從同性戀信徒的見證中，學習到婚姻的意義，例如何謂一生一世的忠誠。

三、「支持」和「反對」同性戀兩個陣營的信徒，應該就如何牧養同性戀信徒進深探討，但並不代表他們需要停止辯論同性戀是否罪，或者將仍然存在的分歧用虛僞的寬容去埋藏。相反，信徒不應懸吊彼此的差異，而需要在學習尊重差異的前提下，以溫柔的心極力去說服對方，爲的是要「在基督裏」一同尋求合一。

我主張，我們不必等知道「同性戀是否罪？」，才決定是否、如何關愛同性戀者。這不是要擱置爭議，也不是輕視雙方對此議題投注的高度關切（high stake），而是正因爲知道要梳理當中牽涉的經學、神學、倫理學是攸關信仰的根本，是牽一髮而動全身的。羅教授和龔教授都發現，要說服對方、要論證誰是誰非，並要在忠於整本聖經的神聖啓示下消融囊括（out-narrate）對方的觀點論據，幾乎等同要重新轉化整個基督信仰傳統。這是一件需要時間、耐性、創意，和恩典方才或有可能成就的千秋事業。當我們尚未達到這個目標之際，就會有羅教授所表達出，對修正主義釋經所引申的神學疑難的憂慮：「教會接納同性戀基督徒是相對容易的，教會恐懼的卻是這種驚人的解經」（頁161）換言之，要在神學上完全制服對方，比起兩個陣營聯手去學習如何在教會內與同性戀信徒共同生活、在教會外與同性戀者成爲朋友，要艱難得多。正因爲要證明同性戀是否罪的神學代價太高，所以我不是建議要將經學、神學的辯論，同倫理學、牧養、教會生活切割開來（compartmentalized），只是反對經學和神學所涉及關於個別的罪的討論，相對倫理學並行的探討卻擁有絕對的優先性，反對倫理辨識要聽候經學和神學辯論的結果去發落；反而，倫理學需要既被教會論規範、又引導教會論。

所以我認爲，羅教授所想像的教會，比龔教授的更符合教會合一應有的標記。用羅教授對四個教會類型的分類（頁88～90），從其大公性而言，第三類「有限度接納」比第四類「充分接納」更優勝，因爲只有前者可能包容後者，後者卻會從前者分離出來。我體諒龔教授爲勢所逼，不能不支持爲同性戀信徒（以及支持同性戀的信徒）另立教會，但這種自我隔離、分別牧養的做法，不應長久下去成爲常態，否則就造成教會永遠的分裂，令自己與其他仍然堅決「反對」同性戀的信徒喪失對話的需要。

不過，選擇繼續宣認同性戀傾向是罪，但聲稱眞心實意「愛同志」的教會必須明白，自己面對倫理實踐上的困難，比那些無條件、完全接納同性戀，或是那些完全將同性戀者拒諸門外的教會，要大得多。[10] 她要更懇切求取來自聖靈的恩典、智慧、愛心；願意自我批判，徹底扭轉異性戀信徒的自義，糾正對同性戀者的異樣目光；克服恐懼、治療傷害；思量如何更新教會的生活、牧養、管治、體制；以至於一個地步，令一個踏進教會大門的同性戀者，在她裏面可以感覺安全地追尋上帝。而她首先要學習的，就是重新接納那些不相信同性戀是罪的信徒，彼此認罪悔改，世人才能從門徒的相愛看到基督的愛。我盼望本地的信徒，從羅教授和龔教授的友誼，以及他們無分高下的對信仰的認眞、對眞理的執著、對同性戀者的眞切關愛，看到這點，並一起重新出發，學習如何做罪人、如何愛罪人。

歡迎、但不認同（welcoming but not affirming）同性戀者的教會，有時會提出「恨惡罪、愛罪人」的原則以示友善。但支持同性戀者的信徒對此帶有紆尊降貴的姿態卻非常反感，因爲同性戀者的身分認同和心思行爲是不可分割的，假如教會說自己愛同性戀者就必須愛他們整個人的全部。可是，或者問題的核心不在於「只愛罪人、但恨惡罪」是否可行，而是如何具體實踐。其實，每個基督徒最慣常愛自己的方法就已經是「恨惡自己的罪、愛自己這個罪人」。主耶穌「愛人如己」的教導就是說我們要以愛自己這個罪人的方法，去愛其他所有罪人！[11]

註釋

第 1 章　多角度再思同性戀眾議題（附龔立人的評論及羅秉祥的回應）

1. Thomas K. Hubbard, ed., *Homosexuality in Greece and Rome: A Sourcebook of Basic Documents* (Berkeley and Los Angeles, CA: University of California Press, 2003), 2.
2. Hubbard, ed., *Homosexuality in Greece and Rome*, 3, 395 ～ 421 (Petronius), 425 (Martial), 437 ～ 442 (Juvenal).
3. Hubbard, ed., *Homosexuality in Greece and Rome*, 3, 450 ～ 462 (Plutarch), 483 ～ 487 (Achilles Tatius), 505 ～ 531 (imitator of Lucian).
4. Hubbard, ed., *Homosexuality in Greece and Rome*, 4 ～ 7。作者也小心指出，昔日希臘羅馬根本就沒有「同性戀」這個字詞，但以他研讀文獻所得的資料，昔日的同性性親密關係，與今天的同性戀雖非一模一樣，但也非性質迥異，而是有家屬性相似。
5. Craig A. Williams, *Roman Homosexuality*, 2nd ed. (New York: Oxford University Press, 2010), 3 ～ 14, 263 ～ 264。本書第四章專門討論女子柔氣與男子氣概（Effeminacy and Masculinity）。
6. Williams, *Roman Homosexuality*, 2nd ed., 230 ～ 233, 258.
7. 海斯：《基督教新約倫理學》，白陳毓華譯（台北：校園書房出版社，2011），第十六章：同性戀。可惜中譯本在某些關鍵地方有不足之處，筆者在引用時會把譯文修訂。讀者也可以直接讀英文原著：Richard Hays, *The Moral Vision of the New Testament* (New York: HarperCollins, 1996)。為方便讀者，在引用此書時筆者會同時把英文版與中文譯本頁數都在正文中列出，不另加註。
8. 參 Ulrich W. Mauser, "Creation and Human Sexuality in the New Testament," in Robert L. Brawley, ed., *Biblical Ethics and Homosexuality: Listening to Scripture* (Louisville, KY: Westminster John Knox Press, 1996), 11 ～ 12。
9. James D. G. Dunn, *Word Biblical Commentary*, vol. 38, *Romans 1 ～ 8*（Dallas, TX: Word Books, 1988）, 65; Joseph A. Fitzmyer, *Romans: A New Translation with Introduction and Commentary* (New York: Doubleday, 1993), 276.
10. Gordon D. Fee, *The First Epistle to the Corinthians*, New International Commentary on the New Testament (Grand Rapids, MI: Eerdmans, 1987), 243。上文介紹威廉斯（Craig A. Williams）對古羅馬社會對女人柔氣（effeminacy）的看法提供了詳盡解釋。
11. Fee, *The First Epistle to the Corinthians*, 244.
12. 提瑟頓（Anthony C. Thiselton）的哥林多前書註釋書共約一千五百頁，為了詳盡討論這兩個希臘文字，就用了十三頁，參 Anthony C. Thiselton, *The First Epistle to the Corinthians*, The New International Greek Testament Commentary (Grand Rapids, MI: Eerdmans, 2000),

440 ～ 452。

13. Thiselton, *The First Epistle to the Corinthians*, 451 ～ 452.
14. 聖經中沒有對婚前戀愛的教導，猶太人都是在十多歲就結婚了。所以沒錯，聖經沒有討論同性談戀愛，但也沒有討論異性談戀愛。
15. Robert A. J. Gagnon, *The Bible and Homosexual Practice: Texts and Hermeneutics* (Nashville, TN: Abingdon Press, 2001).
16. Gagnon, *Bible and Homosexual Practice*, 341 ～ 486.
17. Willard M. Swartley, *Homosexuality: Biblical Interpretation and Moral Discernment* (Scottdale, PA: Herald Press, 2003), 54 ～ 66.
18. 要看一個簡要歷史綜述，可參考 Stanley J. Grenz, *Welcoming But Not Affirming: An Evangelical Response to Homosexuality* (Louisville, KY: Westminster John Knox, 1998), 64 ～ 72。另外可參看 Edward Batchelor, Jr., ed., *Homosexuality and Ethics* (New York: Pilgrim Press, 1980)。這本文集把少數古代及很多當代的神學論述原著分別放在一個四重分類法中，雖然是三十多年前的出版物，但仍有一定參考價值。下文要提到阿奎那（Thomas Aquinas）、巴特（Karl Barth）及帝立克（Helmut Thielicke）的原著節錄，都可在這文集中找到。
19. 中譯本見多瑪斯・阿奎那：《神學大全》（第十一冊），高旭東等譯（台南：中華道明會碧岳學社聯合出版，2008）。英文譯本可看網上版：http://www.newadvent.org/summa/3154.htm。
20. 約翰加爾文：《羅馬人書註釋》，趙中輝、宋華忠譯（台北：基督教改革宗翻譯社，1971），頁 39。
21. John Calvin, *Commentaries on the Epistle of Paul the Apostle to the Romans*, trans. and ed. John Owen (Grand Rapids, MI: Baker, 1989 [reprint]), 79.
22. Karl Barth, *Church Dogmatics*, vol. III, *The Doctrine of Creation*, Part 4, trans. A. T. Mackay et al. (Edinburgh: T. & T. Clark, 1961), 149 ～ 169.
23. "that as a man he can only be genuinely human with woman, or as a woman with man." Barth, *Church Dogmatics* III/4, 166.
24. "sickness...perversion, decadence and decay"; "a substitute for the despised partner"; "self-satisfaction and self-sufficiency...worship of a false god".
25. 資料來自 Jack Rogers, *Jesus, the Bible, and Homosexuality: Explode the Myths, Heal the Church*, revised and expanded version (Louisville, KY: Westminster John Knox, 2009), 194。
26. 當代牛津大學基督教倫理學者比格（Nigel Biggar）也認爲巴特在處理同性戀這問題時，和他處理某些倫理議題比較，解經方面所下的功夫的確比較單薄。Nigel Biggar, *The Hastenings That Waits: Karth Barth's Ethics* (Oxford: Clarendon Press, 1993), 110 ～ 112。
27. Helmut Thielicke, *Theological Ethics*, vol. 3: *Sex*, trans. John W. Doberstein (Grand Rapids, MI: Eerdmans, 1979), 277 ～ 292.
28. Thielicke, *Theological Ethics*, 272.
29. Thielicke, *Theological Ethics*, 282 ～ 283.
30. Thielicke, *Theological Ethics*, 284 ～ 285.
31. Thielicke, *Theological Ethics*, 286 ～ 287.
32. 周華山：《同志論》（香港：香港同志研究社，1995），頁 180。
33. 周華山：《同志論》，頁 4.

34. 周華山：《同志論》，頁 5、8、9、28、70、188。
35. 周華山：《同志論》，頁 188 ～ 189。
36. 〈同性戀與性道德〉〔網上文章〕；取自《通色．通性 ── 性傾向及性別身分認同通識教材》網頁（http://leslovestudy.com/liberal-studies/concept09.shtml）；瀏覽於 2013 年 4 月 5 日。
37. 他們認爲，一方面，如果有這個預設秩序，我們無從客觀地知道其內容，大家都在無休止爭辯。另一方面，就是知道這個秩序的內容，但存在並不等同合理，我們爲甚麼非要服從這個秩序不可？
38. 2011 認識同志手冊編輯小組：〈基礎觀念篇〉，載《2011 認識同志手冊》（台北：台北市政府民政局，2011），頁 8。
39. 2011 認識同志手冊編輯小組：〈基礎觀念篇〉，頁 7。
40. 2011 認識同志手冊編輯小組：〈雙性戀篇〉，載《2011 認識同志手冊》，頁 12。
41. 見《是非男女：本土跨性別閱讀手冊 ── 香港版》。這出版物與女同學社的《通色．通性 ── 性傾向及性別身分認同通識教材》一樣，都是受香港政府政制及內地事務局性傾向及性別認同小組的平等機會（性傾向）資助計劃資助的。
42. 這兩種有關同性戀傾向理論的辯論，可參 Edward Stein, ed., *Forms of Desire: Sexual Orientation and the Social Constructionist Controversy* (New York : Routledge, 1992)。
43. 同性性傾向乃社會建構也是一些社會學者的研究結論，最早提出及有大量人類學資料支持的學者是美國紐約大學的社會學教授葛林柏格（David F. Greenberg），見其六百多頁的巨著 *The Construction of Homosexuality* (Chicago, IL: University of Chicago Press, 1988)。
44. 周華山：《同志論》，頁 293、363。
45. 台灣教育部：《認識同志：教育資源手冊》（台北，台灣教育部，2008），頁 20。
46. 台灣教育部：《認識同志：教育資源手冊》，頁 35 。
47. 〈性小眾〉〔網上文章〕；取自《通色．通性 ── 性傾向及性別身分認同通識教材》網頁（http://leslovestudy.com/liberal-studies/concept20.shtml）；瀏覽於 2013 年 4 月 5 日。
48. 「就像『婦德』是性別壓迫的產物，是男性強加於女性的道德……『性道德』也是性壓迫的產物，是性多數強加於性少數的道德。」甯應斌：《性無須道德：性倫理與性批判》（中壢：中央大學性／別研究室，2007），頁 iii。
49. 所謂「酷兒」（Queer），也就是這個「性小眾」的意思。參以下這段刊載在女同學社《通色．通性》教材內的有關酷兒理論的文章：「近年來，酷兒的定義更擴闊了，包括了文化上自我認同爲性小眾的聯盟。性小眾指的是在性身分、性取向和性活動都和社會上大部分人都不同的人。他們可以指同性戀者，也不止於同性戀者。雙性戀者、跨性別人士、實踐非一對一性關係的同性或異性戀者等，都可以稱爲酷兒……酷兒不與任何身分認同結盟，批判穩定的身分（identity），強調更爲流動和多元的身分和欲望。」見〈酷兒理論〉〔網上文章〕；取自《通色．通性 ── 性傾向及性別身分認同通識教材》網頁（http://leslovestudy.com/liberal-studies/concept14.shtml）；瀏覽於 2013 年 4 月 5 日。香港某大神學院內有一個「酷兒團契」呢！
50. Mel White, *Stranger at the Gate: To Be Gay and Christian in America* (New York: Simon & Schuster, 1994)。YouTube 上也可以找到他的現身說法。
51. Christopher Yuan and Angela Yuan, *Out of a Far Country: A Gay Son's Journey to God. A Broken Mother's Search for Hope* (Colorado Springs, CO: WaterBrook Press, 2011)。網上也有很多他的中英文見證分享。
52. 劉達芳：〈離婚與再婚的倫理裁決〉，載《離婚與再婚》，陳若愚編（香港：中國神學研究院，

1991），頁 71 ～ 81。

53. 羅秉祥：〈非黑即白二分法的壞鬼倫理觀〉，載《壞鬼神學》，楊牧谷等著（香港：更新資源〔香港〕有限公司，2000），頁 196 ～ 227。

54. Willard M. Swartley, *Slavery, Sabbath, War, and Women: Case Issues in Biblical Interpretation* (Scottdale, PA: Herald Press, 1983).

55. Swartley, *Slavery, Sabbath, War, and Women*, 58 ～ 64, 183 ～ 191.

56. 從文化聖經詮釋學討論這三個議題，可參看 William J. Webb, *Slaves, Women and Homosexuals: Exploring the Hermeneutics of Cultural Analysis* (Downers Grove, IL: InterVarsity, 2001)。

57. Dale Martin, "*Arsenokoites* and *Malakos*: Meanings and Consequences," in Brawley, ed. *Biblical Ethics and Homosexuality*, 130 ～ 131.

58. 有一些學者以使徒行傳十至十一章猶太人教會完全接納外邦人基督徒爲典範，認爲因此今天異性戀者教會也應以同樣態度完全接納同性戀基督徒。海斯教授已經指出這種詮釋聖經的嚴重錯謬。海斯：《基督教新約倫理學》，頁 531（頁 399；括弧內頁碼爲英文原書頁碼，下同）。

59. Swartley, *Homosexuality*, 31, 66.

60. Swartley, *Homosexuality*, 110.

61. James B. Nelson, *Embodiment: An Approach to Sexuality and to Christian Theology* (Minneapolis, MN: Augsburg Press, 1978), 188 ～ 210。雖然他在此書中及前一年的一篇文章中，也用這四個類型來討論教會對同性戀基督徒的回應，但仍偏重在神學討論。

62. Smedes, *Sex for Christians*, 58。此書原出版於 1976 年，當時他就已寫下這段慈祥的話。

63. 表面上葛倫斯（Stanley J. Grenz）的書名《歡迎，但不予肯定》（*Welcoming But Not Affirming*）好像也屬於這個「有限度接納」的類型，但葛倫斯對同性戀者的性親密，要求比帝立克及史密德（Lewis B. Smedes）要嚴，詳見下文。

64. 海斯：《新約聖經倫理學》，頁 533 ～ 537（頁 400 ～ 403）。

65. 葛倫斯堅持合宜的婚內性行爲有三個目的：表達雙方彼此忠貞委身、表達雙方密切關係、及表達兩人歡迎透過這個結合而出現的新生命（Grenz, *Welcoming But Not Affirming*, 108）。筆者的疑問是我們是否要堅持一刀切：要進行性行爲就是三項都能做到，不能三項都全做到就一律不准進行？同性戀者既不能結婚，但他們的性結合若能達到上述前兩個目的，鞏固這個伴侶關係，是否還不如三個目的皆全不能達到？

66. Grenz, *Welcoming But Not Affirming*, 120 ～ 121, 129.

67. Yuan and Yuan, *Out of A Far Country*, 188 ～ 189.

68. Choon-Leong Seow, ed., *Homosexuality and Christian Community* (Louisville, KY: Westminster John Knox, 1996), "Introduction," viii ～ ix.

69. 箇中理由詳見拙著：《自由社會的道德底線》，四版（香港：基道出版社，2010），第 5 章「私德墮落的自由？」。

70. 羅秉祥：《自由社會的道德底線》，頁 169 ～ 173。

71. 參羅秉祥：〈教會應雍容大度對待同性戀者公民權〉，《時代論壇》第 1325 期，2013 年 1 月 20 日，頁 12。

72. John A. Robertson, *Children of Choice: Freedom and The New Reproductive Technologies* (Princeton, NJ: Princeton University Press, 1994), 31.

73. Michael J. Sandel, *Liberalism and the Limits of Justice* (Cambridge: Cambridge University Press, 1982）, 147 ～ 150。邁克爾．桑德爾：《自由主義與正義的局限》，萬俊人等譯（南京：

譯林出版社，2001），頁 178 ～ 182。

74. Michael J. Sandel, *Justice: What's the Right Thing to Do?*（New York: Farrar, Straus and Giroux, 2009）, 253 ～ 260。邁可．桑德爾：《正義：一場思辨之旅》，樂爲良譯（台北，雅言文化出版股份有限公司，2011），頁 282 ～ 289；邁克爾．桑德爾：《公正：該如何做是好？》，朱慧玲譯（北京，中信出版社，2012），頁 290 ～ 297。此外，桑德爾（Michael J. Sandel）之前也有另一篇論文討論到同性婚姻，收載於一本社羣主義的文集中，可見他這個批評自由主義對同性婚姻的思路，是被視爲一把社羣主義的聲音。參 Michael J. Sandel, "Moral Argument and Liberal Toleration: Abortion and Homosexuality," in Amitai Etzioni, ed., *New Communitarian Thinking: Persons, Virtues, Institutions, and Communities* (Charlottsville, VA: University Press of Virginia, 1995), 71 ～ 87。

75. Grenz, *Welcoming But Not Affirming*, 152.

第 2 章　論同性性行爲的道德與不道德

1. 參考 Tong E. Adams, "A Review of Narrative Ethics," *Qualitative Inquiry*, 14 (2008): 175 ～ 194；J. McCarthy, "Principalism or Narrative Ethics: Must we Choose Between Them?," *Medical Humanities*, 29 (2003): 65 ～ 71。
2. 龔立人：《是與非以外──基督教的倫理想像》（香港：基道出版社，2010），頁 16。
3. Jean Porter, *Moral Action and Christian Ethics* (Cambridge: Cambridge University Press, 1999).
4. A. McIntyre, *After Virtue: A Study of Moral Theory* (Notre Dame, IN.: University of Notre Dame Press, 1981), 197.
5. Alvin Goldman, *A Theory of Human Action* (Englewood Cliffs, NJ: Prentice Hall, 1970), 10 ～ 19.
6. Alexander Lucie-Smith, *Narrative Theology and Moral Theology* (Aldershot: Ashgate, 2007), 4.
7. M. Foucault, *The History of Sexuality*, vol. 1 (New York: Pantheon Books, 1978), 151 ～ 152.
8. 劉小楓：《沉重的肉身──現代性倫理的敍事緯語》（香港：牛津大學出版社，1998），頁 xi ～ xix。
9. A. Giddens, *Modernity and Self-Identity* (Cambridge: Polity, 1991).
10. Rita C. Manning, *Speaking from the Heart: A Feminist Perspective on Ethics* (Lanham, MD: Rowman & Littlefield, 1992).
11. McIntyre, *After Virtue*, 216.
12. A. McIntyre, *Dependent Rational Animals* (Chicago, IL: Open Court, 1999), 4, 72 ～ 73.
13. A. McIntyre, "Theology, Ethics and the Ethics of Medicine and Health Care," *Journal of Medicine and Philosophy*, 4/4 (1979): 437.
14. 由於把「同性同居者」列入家暴保障範圍之內，猶如將同性同居者界定爲家庭看待，所以引來了基督教團激烈的抗議。
15. http://www.truth-light.org.hk/article/title/n1139；瀏覽於 2013 年 4 月 26 日；http://www.inmediahk.net/node/1001878；瀏覽於 2013 年 4 月 26 日。
16. 班雅明：《說故事的人》，林志明譯（台北：台灣攝影工作室，1999），頁 48。
17. C. Taylor, *Sources of the Self: The Making of Modern Identity* (Cambridge: Cambridge

University Press, 1989), 47.

18. 班雅明：《迎向靈光消逝的年代》，許綺玲譯（台北：台灣攝影工作室，1999），頁 27。
19. 班雅明：《迎向靈光消逝的年代》，頁 65 ～ 66。
20. Dale B. Martin, "Paul without Passion: On Paul's Rejection of Desire in Sex and Marriage,' in H. Moxnes, *Constructing Early Christian Families* (New York: Routledge, 1997), 201 ～ 215.
21. 同光同志長老教會編著：《暗夜中的燈塔》（台北：女書店，2001）。
22. 蘇美智：《我們的同志孩子》（香港：三聯書店，2012）。
23. R. F. Baumeister and M. R. Leary, "The Need to Belong: Desire for Interpersonal Attachments as a Fundamental Human Motivation," *Psychological Bulletin*, 117 (1995): 497 ～ 529.
24. A. Maslow, *Toward a Psychology of Being* (New York: Van Nostrand Reinhold Company, 1968).
25. http://news.hk.msn.com/sunday/article.aspx?cp-documentid=251379958；瀏覽於 2013 年 1 月 26 日。
26. S. Welch, *A Feminist Ethic of Risk* (Minneapolis, MN: Augsburg Fortress, 2000), 133.
27. Welch, *A Feminist Ethic of Risk*, 125.
28. Welch, *A Feminist Ethic of Risk*, 127.
29. Welch, *A Feminist Ethic of Risk*, 154 ～ 155, 162, 165 ～ 168.
30. http://www.vatican.va/roman_curia/congregations/cfaith/documents/rc_con_cfaith_doc_19861001_homosexual-persons_en.html；瀏覽於 2013 年 1 月 26 日。
31. 斯拉沃熱・齊澤克：《暴力：六個側面的反思》，唐健、張嘉榮譯（北京：中國法制出版社，2012），頁 37。
32. J. Sacks, *The Dignity of Difference* (New York: Continuum, 2003), 59.
33. http://en.wikipedia.org/wiki/Homosexuality_and_Lutheranism；瀏覽於 2013 年 1 月 26 日。
34. R. E. Olson, *The Mosaic of Christian Belief: Twenty Centuries of Unity and Diversity* (Downers Grove, IL: IVP, 2002), 32.
35. Michael E. Allsopp, *Models of Christian Ethics* (Scranton, PA: University of Scranton Press, 2003), 17 ～ 30.
36. Stanley Hauerwas, *The Peaceable Kingdom* (Notre Dame, IN: University of Notre Dame, 2007), 26.
37. Wolfhart Pannenberg, *Revelation as History* (New York: Macmillan, 1969).
38. 參 Angie Pears, *Doing Contextual Theology* (New York: Routledge, 2010)。
39. Welch, *A Feminist Ethic of Risk*, 132.
40. Robert Schreiter and Knud Jorgensen, eds., *Mission as Ministry of Reconciliation* (Oxford: Rengum, 2013).
41. Hauerwas, *The Peaceable Kingdom*, 85.
42. Hauerwas, *The Peaceable Kingdom*, 86.
43. Cecilia Clegg, "Between Embrace and Exclusion," in David Tombs and Joseph Liechty eds., *Explorations in Reconciliation* (Aldershot: Ashgate, 2006), 129.
44. Ada Maria Isasi-Diaz, "Reconciliation: An Intrinsic Element of Justice," in Tombs and Liechty eds., *Explorations in Reconciliation*, 76 ～ 78.
45. L. William Countryman, *Dirt, Greed and Sex: Sexual Ethics in the New Testament and Their Implications for Today* (Minneapolis, MN: Fortress, 2007); Adrian Thatcher, *God, Sex and*

Gender (Oxford: Wiley Blackwell, 2011), 157 ～ 174; Todd A. Salzman and Michael G. Lawler, *Sexual Ethics: A Theological Introduction* (Washington, DC: Georgetown University Press, 2012), 157 ～ 168.

46. http://christiantimes.org.hk/Common/Reader/News/ShowNews.jsp?Nid=77262&Pid=2&Version=1333&Cid=641&Charset=big5_hkscs#；瀏覽於 2013 年 3 月 26 日。
47. M. A. Farley, *A Framework for Christian Sexual Ethics: Just Love* (New York: Continuum, 2010), 215 ～ 232.
48. 龔立人：《不正常的信仰 ── 身體、身分與政治》（香港：香港基督教學生福音團契，2008），頁 43 ～ 64。
49. Dietrich Bonhoeffer, *Ethics* (Minneapolis, MN: Fortress, 2005), 261.
50. Eryl W. Davis, *The Immoral Bible: Approaches to Biblical Ethics* (New York: Continuum, 2010), 120 ～ 138.
51. Rosemary Radford Ruether, *Christianity and the Making of the Modern Family* (London: SCM, 2001), 223 ～ 230.
52. Eryl W. Davies, *The Immoral Bible: Approaches to Biblical Ethics* (New York: T. & T. Clark, 2010).
53. Samuel Wells and Ben Quash, *Introducing Christian Ethics* (Oxford: Wiley Blackwell, 2010), 296 ～ 306.
54. 例如，於 2012 年 11 月 7 日，香港立法會議員何秀蘭提出要求政府就立法消除性傾向歧視的議題進行公眾諮詢，但遭基督教團體明光社等反對，而其論點認爲這會帶來逆向歧視和邁向同性婚姻。坊間質疑明光社的做法，就是連諮詢也不容許。又在 2013 年 1 月 13 日，有基督教團體舉行「愛家共融祈禱音樂會」，並且在1月7日及9日於兩份報紙刊登全頁聲明，標題是「捍衛言論、教育、宗教自由 ── 反對訂立性傾向歧視法」。聲明中亦清楚列出大會立場：「我們肯定同性戀者的尊嚴，社會應對他們包容及關愛。但我們重申，我們反對訂立性傾向歧視法，因爲反對同性戀行爲，不等於歧視同性戀者；但用立法方式禁止反對同性戀行爲，就肯定會變成一條歧視不同意同性戀市民的法例。」
55. https://sites.google.com/site/rainbowcovenanthk/jie-shao；瀏覽於 2013 年 3 月 26 日。
56. Michael Walzer, *Thick and Thin* (Notre Dame, IN: University of Notre Dame, 1994).

第 4 章　回應羅秉祥的評論

1. http://www.elca.org/What-We-Believe/Social-Issues/Social-Statements/JTF-Human-Sexuality.aspx.
2. Paul Tillich, *Morality and Beyond* (Louisville, KY: Westminster John Knox Press, 1995), 65 ～ 81.
3. James Barr, *The Bible in the Modern World* (London: SCM, 1973), 18 ～ 22.
4. C. Boff, *Theology and Praxis* (Maryknoll, NY: Orbis, 1987), 140 ～ 150; Carlos Mesters, *Defenseless Flower: A New Reading of the Bible* (Maryknoll, NY: Orbis, 1989).
5. D. Tracy, *The Analogical Imagination* (New York: Crossroad, 1981).

第 6 章　從悔改到超越

1. B. Lonergan, *Insight: A Study of Human Understanding* (London: Longmans Green & Company, 1957), 431 ～ 487; *Method in Theology* (New York: Herder and Herder, 1972), 237 ～ 244.

第 7 章　二人同行，途中遇到第三者，再上路……

1. 明婉儀：〈請不要說你愛我〉，載《你的弟兄姊妹在哪裏？──同性戀與華人基督教會》，歐陽文風著（香港：香港基督徒學會，2011），頁 11 ～ 13。
2. 類似的集會（以及聯署聲明）更製造威逼教內人士表態歸邊的壓力，音樂會後曾出現寒蟬效應，令某些既不支持同性戀，亦不反對立法、或不認同以示威方式反對立法的信徒，有口難言。
3. 2013 年 7 月 21 日，一些過往高調反對同性戀的牧者（包括部分「113 音樂會」的主辦者）共同簽署〈真愛同行牧養約章〉，嘗試踏出與同性戀者和好的第一步。見〈性傾向歧視爭議的弛與張〉，《時代論壇》第 1352 期，2013 年 7 月 28 日，頁 1。
4. 陳韋迪：〈揀選窄路──回應李清詞女士〉，《時代論壇時代講場》，2013 年 4 月 5 日〔網上文章〕；取自《時代論壇》網頁（http://christiantimes.org.hk/Common/Reader/News/ShowNews.jsp?Nid=77549&Pid=6&Version=0&Cid=150&Charset=big5_hkscs）。
5. Massimo Piattelli-Palmarini, *Inevitable Illusions: How Mistakes of Reason Rule Our Minds* (New York: John Wiley & Sons, 1994), 93 ～ 95.
6. 可以說，聖經整體和部分經文之間的詮釋循環爲爭辯雙方提供了很大的策略性調動空間。另參 Ted Grimsrud and Mark Thiessen Nation, *Reasoning Together: A Conversation on Homosexuality* (Scottdale, PA: Herald Press, 2008), 21 ～ 45。
7. 中國神學研究院於 2013 年 3 月 2 日舉辦了教牧講座，講員之一雷競業以〈眞理中的恩典〉爲題提出了類似的詰問。我的立場與雷牧師非常接近，只是焦點不同。其講稿見：http://www.cgst.edu/events/seminar/2013/2013-03-02_PastoralSeminar/pdf/essay03.pdf。
8. 在任何一間普通的教會，有婚外情的信徒數目，肯定比有同性戀傾向的信徒多。
9. 有基督徒爲了低貶同性戀，而將異性之間的性愛捧到「天上有、地下無」；而支持同性戀的信徒，則甚至有時將所有模式的性愛「神聖化」。這兩種對性愛的全盤肯定，在神學上恐怕都站不住腳。參明婉儀：〈假如基督教應許「超薄」、「安全」的性，妳要不要？〉，載《人．性──香港教會不能迴避的牧養需要》，麥明儀等編（香港：香港基督徒學會，2009），頁 185 ～ 223。
10. 參關浩然：〈共建同志友善教會：一位福音派傳道人的意見〉，《思》第 129 期（2013 年 5 月），頁 4 ～ 8。
11. 假如同性愛行爲是「罪」，這種「罪」就幾乎只是某類人專有的，與一般人沾不上關係；這種「罪」將人分門別類，連同性戀信徒也成爲異類，而非上帝同等鍾愛的兒女。雷競業牧師在〈眞理中的恩典〉很準確地觀察到：信徒很容易體諒（甚至姑息）自己也會常犯的罪行（例如貪婪等普遍共有的罪性），所以經常忘記自己也是罪人、也有未悔改的罪；但異性戀者不會經歷同性戀這種有違「常態」的「罪」的引誘，對此就特別缺乏同理心，同性戀者更成爲令基督徒特別憎惡的「罪人」。

I believe in the value,
passion
and beauty
in press.

value
in
press

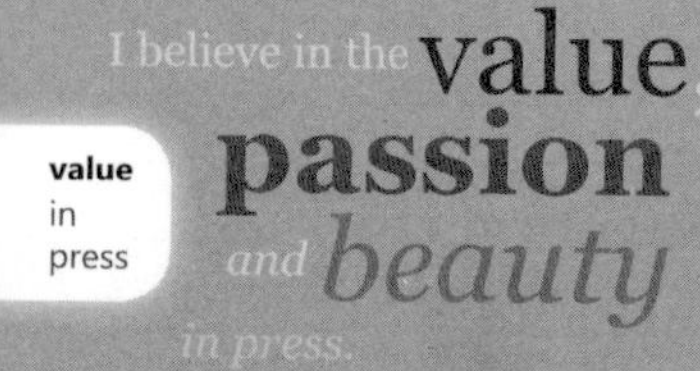
I believe in the value,
passion
and beauty
in press.
value
in
press